F. (Felix) Liebermann

**Über die Leges Anglorum saeculo XIII**

F. (Felix) Liebermann

**Über die Leges Anglorum saeculo XIII**

ISBN/EAN: 9783743499034

Hergestellt in Europa, USA, Kanada, Australien, Japan

Cover: Foto ©ninafisch / pixelio.de

Manufactured and distributed by brebook publishing software (www.brebook.com)

F. (Felix) Liebermann

**Über die Leges Anglorum saeculo XIII**

ÜBER DIE

# LEGES ANGLORUM

SAECULO XIII. INEUNTE

LONDONIIS COLLECTAE.

VON

F. LIEBERMANN.

HALLE a. S.,
MAX NIEMEYER.
1894.

# Vorwort.

Bruchstücke, theils seit dem 16. Jahrhundert von zahlreichen Erforschern des Englischen Mittelalters häufig benutzt, theils hier zuerst veröffentlicht, will ich im Folgenden als Theile Einer Sammlung erweisen, die unter König Johann und bald nachher im Interesse der Stadt London hergestellt wurde. Bei diesem Nachweise muss ich auf eine Anordnung nach Stoffen oder Kriterien verzichten[1], weil eine solche das Londoner Werk zerreissen und dem Leser der nachprüfen will ein Aufblättern von vielen Büchern gleichzeitig zumuthen würde. Ich folge vielmehr der ursprünglichen Ordnung des Londoners und lege der Reihe nach bei jedem Stücke dar, dass es entweder entlehnt oder von immer demselben Geiste durchweht ist. Als Ergebniss dieser Untersuchung stell ich ein Inhalts-Verzeichniss, sowohl des gesammten Rechtsbuches als meiner Bemerkungen, voran. Die Nummerirung und die Siebentheilung wollen nur die Übersicht erleichtern.

Der grösste Geschichtsschreiber der Plantagenets nahm für Stück 24 des Werkes, die Interpolation der Artikel Wilhelm's I., eine Abfassung unter Edward I. an[2]. Von ihm abzuweichen wag ich nicht ohne mich auf neue handschriftliche Funde zu

---

1) Ausser in Stück 24—26.
2) Stubbs' Beweise wiederholt Freeman, Norman conquest V 868.

stützen: die zwei Abschnitte 43 f. und 24 liegen in Codices vor, die um 1210 und 1230 geschrieben sind. Es erübrigt also nur der Beweis, dass die anderen Stücke derselben Feder wie sie entflossen.

Die negative Seite der Aufgabe, diesen City-Scribenten als frechen Fälscher[1] zu erweisen, all die Gesetze, die er Ine, Aelfred und Eadward dem Bekenner und anderen unterschiebt, allein ihm selbst zuzurechnen, hätte ich kurz abthun dürfen. Denn kein Kirchenhistoriker citirt heute mehr Papst Eleuther's Brief an Lucius von Britannien aus Stück 25,5. Kein Verfechter des Grösseren Britannien's führt, wie einst Dee für Elisabeth[2], jetzt noch Arthur's Herrschaft über Grönland ins Feld. Prähistorie der Sachsen suchte hier Gaupp[3] wohl als Letzter. Und die Erweiterung der Gesetze Wilhelm's des Eroberers, die noch Schmid[4] den kurzen Artikeln vorzog, hat Stubbs[5] dem 13. Jahrhundert zugewiesen. — Wohl aber schien mir eine ausführliche Darstellung nöthig, um in die Literatur des Englischen Rechts, namentlich aber in die Geschichte der politischen Theorien, ein Denkmal für den Ideenkreis einzuführen, in welchem London an der Erringung der Magna Charta theilnahm.

Berlin, November 1893.         F. L.

---

1) Zweifel im Einzelnen äussert bereits 1625 Spelman, Glossar. archaeol. 26. 57.    2) Riley, Munim. Gildh. Lond. II xxx; s. u. 25,11. 3) Recht der Sachsen (1837) p. 4. 7. Vgl. u. 25,14; 18.    4) Ges. der Angelsachsen (1858) 354.    5) Rog. Hoveden II, xxij.

# Inhalt.

Die Nummern links bezeichnen die Stücke; * besternte sind abgedruckt; [eingeklammerte] gehören nicht, oder nicht sicher, zu der ursprünglichen Sammlung.
In den Überschriften stehen von mir eingeführte Wörter *cursiv*.
Unter den Ziffern rechts bedeutet 0: *fehlt*. Die ersten geben die Blätter der Handschriften (in Co die Seiten) an (vgl. 55—57), die letzte den besten Druck jedes Stückes.
Es bedeutet Bi: Birch, Cartular. Saxon. I; Cun: Cunningham, Growth of industry 1890; Hov: Roger de Hoveden ed. Stubbs IV; La: Lambard, Archaionomia 1568; Phi: Phillips, Engl. Rechtsgesch. II; Qua: Quadripartitus her. Liebermann; Ri: Riley, Munimenta Gildhallae London. II; Ry: Rymer, Foedera (Record ed.) I. 1; Sch: Schmid, Gesetze der Angelsachsen 1858; Sta: Statutes of the realm (1810) I; Tho: Thorpe, Ancient laws, fol.

## A. Leges Anglorum Londoniis collectae.

### I. Britanniens Statistik.

|  |  | K2 | Co | Or |  |  |
|---|---|---|---|---|---|---|
| [1]. | Expositio vocabulorum | 0 | 1 | 1 |  |  |
| *[1a]. | Co's Nachträge von Andreas Horn |  | 2 | 1 v. | Sch | 315 |
| 2. | Numerus provinciarum | 1 | 3 | 2 | Ri | 624 |
| 2a. | Englands drei Rechtsgebiete | Sc 30 | „ | „ | „ | „ |
| 3. | Numerus hidarum | Sc 29 | 1 v. | „ | 2 v. | „ 626 |
| 3a. | Hidenzahl Engl. Ortsbezirke | Sc „ | „ | „ | „ | „ 627 |
| *[3b]. | Runen Wen und Thorn |  |  | „ |  |  |
| *[3c]. | Hida: 120 oder 180 acris |  |  | „ | „ |  |

### II. Aus Quadripartitus.

|  |  |  |  |  |  |  |
|---|---|---|---|---|---|---|
| 4a. | Ine | 2 | 4 | „ | Sch | 21 |
| [4b]. | „ c. 76, Ende |  | 9 |  | „ | 57 |
| 5. | Blaserii | 4 v. | „ | 5 | „ | 411 |
| 5a. | Forfang | „ | „ | „ | „ | 413 |
| 5b. | Hundred | „ | „ | „ | „ | 183 |
| *[5c]. | Stücke 5, 5a, 5b gehören Aethelstan |  | „ |  |  |  |
| *6; 7. | I; II Pseudo-Ine; *8 Regnavit Ine | „ | 10 | 5 v. |  |  |
| 9. | Alfred, Weltl. Ges. von Einl. 49,9 an | 5 | „ | „ | „ | 69 |
| [9a]. | „ Geistliche Einleitung |  | letzte |  | Qu | 112 |
| 10. | „ et Godrun | 8 | 16 | 8 | Sch | 106 |
| 10a. | Anhang zu Alfred-Guthrum | 8 v. | 17 | 9 | „ | 424 |
| [10b]. | „ „ „ c. 8 |  | „ | „ | Qu | 131 |
| 10c. | Eadward et Godrun | „ | „ | 10 | Sch | 119 |
| *11. | Pseudo-Alfred. *12. Regnavit Godrun | 9 v. | 18 | „ |  |  |
| 14. | I Aethelstan | 10 | 19 | „ |  | 127 |
| 14a. | II „ Prolog: Arme; 14b. II Aethelstan | „ | 20 | 11 | „ | 131 |
| 14c. | Episcopo (Polity 7) | 12 | 23 | 12 | Tho | 547 |
| *14cc. | „ „ „ § 15 | „ | „ | „ |  |  |
| 14d. | Northleod; 14e. Merce | „ | „ | „ | Sch | 396 |

|  |  | K 2 | Co | Or |  |
|---|---|---|---|---|---|
| 14f. | Ath; 14g. Had | 12v. | 24 | 12v. | Sch 401 |
| [14h]. | Bezug auf 5c | | „ | 13 | |
| 14i. | IV Aethelstan; 14k. V Aethelstan | „ | 25 | „ | „ 150 |
| 14l. | III „ . . . . Jl 64 v. | 13 v. | 26 | 14 | „ 148 |
| 14m. | VI „ . | 14 | 27 | 15 | „ 157 |
| 14n. | Ordal . . . . . | 15 v. | 30 | 15 v. | „ 415 |
| *15. | Regnavit Aelstanus | 16 | „ | 16 | |
| [16]. | Ordalformeln . . . | | 31 | „ | La c. III |
| *[16 a]. | Ordal im späteren Recht . | | „ | „ | |
| *17. | Chnutus dedit Tostio . . | 16 v. | 37 | 19 | |
| 18. | Leges Cnuti . . . . . . . . . . | 17 | „ | „ | Sch 251 |
| [19]. | Eadgar; Swerian; Pax; Aethelred-*Gesetze* | 40-51 | 27 | | „ 187. |
| | | | | | [405. 411. 219. 193 |
| | Argumentum *des Quadripartitus* | 52 f. | | | Qu 85 |
| 20. | *Angelsächsische Synoden* | 25 | | | Bi 91—422 |
| *21. | Dux Willelmus . . . | 30 | 52 | 27 | Ri 629 |
| 22. | **III. Aus Willelmus-Eadwardus Confessor retractatus.** | | | | |
| *23. | Capitula legum Edwardi . . . . . . | 30 | 52 | „ | |
| 24. | Decreta Willelmi: Hic intimatur, *interpolirt* . . . . . . . . . Sc 163 | 31 | 53 | „ | Sch 354 |
| 24 a. | *Interpolation zu III A Wil gleicht übrigen Stücken stilistisch.* | | | | |
| 24 b. | *Ihre Tendenz: Kanzleistil; Schottland; Wehrpflicht; Eidbrüderschaft; Steuerbewilligung; Stadt; Villanenbefreiung; Wächter; Strafe.* | | | | |
| 25. | Leges Edwardi *Confessoris retractatae, interpolirt* . . . . . . . . . . | 31 | 55 | 28v. | Sch 491 |
| [25,1]. | *Prolog dazu, aus Lichfield; die Gesetzschreiber* . . . . . . . Co 47 | | | „ | LVII |
| 25,2. | *Co's Nachträge;* XII or. = XX sol. | | | | |
| 25,3. | *Umstellungen.* | | | | |
| 25,4. | Descriptio Britanniae, *ECf* 32 D . . . | 38 v. | | | Ri 639 |
| 25,5. | Epistola Eleutheri, *ECf* 11,1 *B, lehnt Römisches Recht für England ab* . . | 32 v. | | 30 v. | „ 632 |

25,6. *Quellen der Interpolationen zu ECf retr.* 25,7. *Fabeln von Kelten.* 25,8 *Sage (?) von Ina; Coniugium.* 25,10. *Grossbritannien.* 25,11. *Baltische Länder unter Arthur.* 25,12. *Die Skandinaven in Britannien.* 25,13. *Normannen und Bretonen.* 25,14. *Niederdeutsche in England.* 25,15. Ultimus Eadwardus. 25,16. *Krönungseid, Königspflicht.* 25,17. Consilium regni. 25,18. *Consul, Alderman, Heretoch, Vicecomes.* 25,19. Folcesmot. 25,20. *Waffenschau.* 25,21. *Stadt,* Ward, Festerman. 25,22. Londonia caput regni. 25,23. Curia regis. 25,24. *Wil und ECf von Einem interpolirt.*

|  |  | K2 | Co | Or |  |
|---|---|---|---|---|---|
| 26. | Genealogia ducum Normannorum | 40v. | 72 | 37v. | Ri 647 |
| 26,1. | Ricardus de Brionnia Haraldum occidit | | „ | 38 | La 141 v. |
| 26,2. | Margareta haeres Angliae | | | | |

### IV. Wilhelm's I. Söhne und Enkel.

|  |  | K2 | Co | Or |  |
|---|---|---|---|---|---|
| *27. | Versus: Ruffum Willelmum rapuit mors; Aula *Westminster's* | | „ | 74 | „ |
| [28]. | 6 *Staatsacten* Willelmus — Henricum II.; | 41 | | | Sch 353f. |
| | aus Sc 2. | | | | [432; Ri 648f.; Ry 18. |
| 29. | Henricus I. *Über Königsgräber stets Stil derselbe. Schottland; Huntingdon* | 42v. | 75 | 38v. | Ri 650 |
| [30]. | Aetheling *Wilhelm's Schiffbruch* | „ | | | „ Facsi |
| 31. | Leges Henrici I. | 43 | „ | „ | Sch 432 |
| 31,1a. | Charta Henrici I. coronati | 44 | 76 | 39v. | „ „ |
| *31,1b. | *Mönchische Einschwärzung.* | | | | |
| 31,1c. | *Constitutionelle Interpolation.* | | | | |
| [31,1d]. | Charta Henrici I. de hundredis | | „ | | Qu 165 |
| 31,2. | „ „ „ Londoniensis | 45 | 77 | 40v. | Sch 434 |
| 31,2a. | Justicia. 31,2b. Hlot. 31,2c. Hospitium vi. 31,2d. à sa were. 31,2e. Wardimot. | | | | |
| 31,3. | *Änderungen im Texte der* Leges Henrici I.: Britannia; Herthochi; Nil exigi nisi per legem. | | | | |
| 32. | Successit Stephanus | 68v. | 107 | 62 | Ri 651 |
| 33. | Charta Stephani coronati | „ | „ | „ | Sta 4 |
| 34. | Stephanus in regem; *Verse über Mathilde* | 69 | „ | „ | Ri 651 |

### V. Heinrich II. und Richard I.

|  |  | K2 | Co | Or |  |
|---|---|---|---|---|---|
| 35. | Heinrich II. *Seine Mutter.* Hispania et Norweia meta dominii. Alienora. Hibernia | 70 | „ | 62v. | „ 652 |
| *[36]. | Henricus II. genuit | | 108 | „ | |
| 37. | Carta Henrici II. *coronati* | 70v. | „ | „ | Sta 4 |
| 38. | „ „ „ Londoniensis [1155] | „ | „ | 63 | Ri 31 |
| 39. | Subsidium Terrae Sanctae | 71 | 109 | „ | „ 653 |
| 40. | Tractatus de legibus Henrici II., *Glanvilla auctore* Ai 1 | 71v. | 110 | 63v. | Phi 335 |
| [41]. | Assisa de pane *Heinrich's II.* „ | 85v. | | | Cun 502 |
| 42. | Expliciunt Leges Henrici filii predicte Matildis „ | 86 | 110 | 170 100v. | „ 503 |
| *43. | Regnavit Henricus II. „ | 86v. | „ | 0 | „ |
| *44. | Successit Ricardus | „ | „ | 0 0 | „ |
| *[45]. | Rex cor destinavit Neustriae | „ | „ | | |
| *[45,1]. | Galfridus Venisalvus „ | 87 | | | |
| [46]. | *Ai's folgender Theil: Londoner Acten bis* 1215 „ | 88v.—124. | | | „ 541-3 |

|  |  | K2 | Co | Or |  |  |
|---|---|---|---|---|---|---|
| [46,1]. | Libertates civitatis Londoniarum Ai 104 |  |  |  | Cun | 541 |
| 47. | Leges Ricardi 1. . . . |  |  |  | Ri | 490 |
| 47,1. | Charta Londoniensis, 1194 . . . . | 111 | 0 | 101 | „ | 248 |
| *47,2. | „  „  1197, De kydellis | 0 | 0 | „ |  |  |
| 47,3. | Assisa de mensuris, 1197 . . | 0 | 0 | „ | Hov | 33 |

### VI. Zweite Ausgabe. (?)

|  |  |  |  |  |
|---|---|---|---|---|
| 48. | De rege Johanne; 48,1. Arthurum in batello cecidit . . . . Co 51v. | 113 |  | Ri 661 |
| [49]. | Eingeschaltet: Charta de Portesmuo 1194, Charta de Waltham 1177 . . . . . | 111 |  | „ 655/6 |
|  | Litterae Ottonis IV. missae Johanni 1209 | 114 |  | Ry 103 |
| (50). | Chartae Johannis de obedientia ecclesiae 1213; Magna charta de Ronemede 1215 | „ | 171 | „ 111-5 |

### [VII. Andere Fortsetzer.]

51. K2 hinter f. 119: Staatsacten 1265—1315; — Stadtcharten 1108 bis 1300; — Statuta regni c. 1225—1349.
52. Co hinter p. 180: Successit Henricus III., geschrieben nach 1244; — 52,1. Bericht über Heinrich's III. Gesetze, geschrieben nach 1300. — 52,2f. Londoner Acten des 12. und 13. Jahrhunderts. — 52,4. Le counte del Brief de dreit; lo respouus, auch andere Brevien. — 52,5. Henrico III. successit Edwardus.
53. Or hinter f. 102: Chroniken und Rechtsbücher vom Ende des 13. und vom 14. Jahrhundert.

### B. Der Verfasser.

54,1. Geburt. Bildung. Stand. 54,2. Londoner. 54,3. Quellen. Sammelfleiss. Ordnung. Kritik. 54,4. Künstler. Historiker eigener Zeit. Jurist. 54,5. Fälscher. 54,6. Programm der Gildhalle um 1210: Grossbritannien, Kronjustiz, Polizei, Wirthschaft, Stadt.

### C. Die Handschriften.

55. Ai: Additional 14252 aus Londoner Gildhalle.
56. Sc: Scaccarii Liber rubeus. — 56,1. Hg: Hargrave 313.
57. Classe cock. — 57,1. Co: Cleopatra D9, aus Lichfield.
57,2. Classe ock aus Londoner Gildhalle. — 57,2a. K2: Claudius D 11; 57,2b. Co: Corpus Cambridge 70; — 57,2c. Or: Oriel Oxford 46; —
57,2d. Lond(oniensis Gildhallae, verloren); — 57,2e. Tw(ysden); — 57,2f. Sl: Selden.
57,2g. Stammbaum der Handschriften; — 57,2h. Spelman.

[Textbesserungen zu Consiliatio Cnuti. Seite 106.]

# A.

# [¹LEGES ANGLORUM
LONDONIIS SAECULO XIII. INEUNTE COLLECTAE.]

## [I.¹ Britanniens Geographie.]

[1²]. „Expositiones³ quorundam Saxonicorum vocabulorum in sequentibus eorundem Saxonicorum regum⁴ legibus.

Averpany⁵: hoc est quietus esse de denariis dandis pro averagio domini regis.

Abere murde⁶: id est apertum murdrum.

Abesne⁷: id est pasnagium.

Borowbrech'⁸: hoc est quietus esse de transgr[essione] de civitate rupta: et⁹ quod inde possit determinare in curia sua . . ."; 

u. s. w. alphabetisch geordnet. Londoner Ursprung verräth:

„Forfeng': id est quietus esse de anteprisa¹⁰, in quo Londonienses cadunt qui capiunt prisam ante regem". . . .

Das Stück endet: „Utlage . . . Werfæhd. . . .

Utlop¹¹: id est quietus esse de misericordia de prisonibus de prisona vestra fugientibus¹². Yrfe: id est pecunia."

Dieses Stück lässt sich wissenschaftlich erst herausgeben, wenn seine Grundlage, ein Glossar des 12. Jahrhunderts, her-

---

1) Überschrift von mir eingeführt. 2) Nummern von mir eingeführt. 3) Überschrift fehlt Or. 4) regis Co. 5) -ni Or. Nicht Angelsächsisch. 6) Aus Quadr. II Cnut 61. 7) abesne Co. Or. Vgl. Ine 49, 3. 8) Aelfred 40. 9) Nicht Angelsächsisch. 10) Als *Praereutio, anticipatio* im späteren Sinne missverstanden wohl schon im Quadripartitus, Forfang. 11) *outlope: eschapium latronis* Chart. Glaston. bei Hickes, Thes. III 281; *uthlep: escap de prisun* Collect. S. Albani bei Wülcker, Altengl. Leseb. I 120; Norwic. bei Luard, Barth. Cotton 439; II ~, Oxford Bodl. Douce 139; Brit. Mus. Galba E IV. 12) fugientibus Co.

gestellt sein wird. Im Einzelnen ist es von den Antiquaren[1] oft benutzt worden.

Es fehlt zwar jetzt K 2; allein laut der Inhaltsverzeichnisse des 14. und 15. Jhs.[2] stand es damals im Londoner Liber custumarum, dessen Theil K 2 einst bildete. So gehört es also zur Classe ock (s. u. 57, 2). Vielleicht ist es theilweise von ock überarbeitet, mit anderen Worten erst um 1300 in London in diese Gestalt umgegossen worden. Mir scheinen nämlich einige Sprachformen und Bedeutungen jünger als Johanns Zeit.

[1a]. Sicher nicht zum ursprünglichen Werke gehört Co's Nachtrag am unteren Rande:

„Ex libro S. Augustini iuxta Cantuariam:

[3]Si quis canem, qui custodire domini sui caulas et lupum abigere debet, occiderit, persolvat domino canis VI sol. Canem quem Angli dicunt greahund, id est canem de Grecia, qui nondum cepit leporem nec aliam bestiam feram, si quis occiderit, X d. persolvat. Si vero doctus sit et bestias feras et leporem ceperit LXXX d. persolvet. Canem qui in pluvia sine alicuius cura vigilat, quem Angli dicunt reinhund, si quis occiderit, XII d. reddat. Canem vocatum vealter, quem Angli nominant lanlegeran, si quis peremerit, X s. emendetur."

Dieser Satz steht, bis auf das grösser Gedruckte ebenso, in T[itus A 27] f. 104 v., einer Quadripartitus-Hs., zu II Cnut 80 und, soviel ich weiss, sonst nirgends. Dass T von Co's Corrector wirklich collationirt wurde, also um 1320 den Benedictinern von St. Austin's zu Canterbury gehörte, wird hierdurch höchst wahrscheinlich, zumal auch alle späteren ebenso ihre Quelle citirenden Nachträge an Co's Rändern aus dem Quadripartitus in T's Lesart stammen[4]. Dieser systematische[5] Nachprüfer Co's war ein fleissiger und gelehrter[6] Jurist, der um

---

1) Vgl. Spelman, Gloss. arch. *averpeny;* Hs. Cambridge Corpus 111 (16. Jh.) p. 433. 2) Riley I 545; II, XIII; 490. 3) Das Folg. auch Or, und zwar im Text. 4) Vgl. u. 4b. 9a. 10b. 10c. 14i; 19; 31, 1d. 5) P. 51 hinter Cnut: *Examinate sunt omnes iste leges.* Das Capitel ECf 26 fehlt K 2 u. Or; in Co steht es, aus einer anderen Form, am Rande. 6) S. u. 16a. 25, 6. Unter p. 69 setzt er *Versus de laude Anglie* aus Henr. Huntingdon. p. 11; vgl. u. 3c.

1320 an der Londoner Gildhalle[1] lebte und gern das Recht seiner Gegenwart, wie den Process unter Edward I. und II. (p. 190), mit dem älteren verglich: Z. B. gelte unter Edward II. nicht mehr Edward's des Bekenners Asylrecht[2], noch Glanvilla's Satz betreffend Verfügung über Land auf dem Todtenbette[3]; p. 56. 136. Angelsächsisch klang ihm wie Niederdeutsch, das er wohl von Hanseaten zu London hörte: „Saxonia est in Alemannia; Anglorum genus primo veniebat de illa Saxonia; et in diebus modernis loquuntur tali lingua sicut Angli antiqui olim loquebantur"; p. 65. Der intelligente Mann besserte den Text öfters aus eigener Überlegung[4]. Nun steht unter p. 111:
„Horn mihi cognomen, Andreas est mihi nomen."
Darüber ist ein Fisch gezeichnet; denn zu den Fischhändlern gehörte Andreas Horn, der 1321 bis zum Tode 1328 Stadtkämmerer von London[5] war. Er war sicher also der einstige Besitzer Co's. Und das Rechtsbuch[6], das er verfasst, sowie die Annales Londonienses, die er mit Einschiebungen versehen, wenn nicht ganz geschrieben[7] hat, endlich die Sammlungen, die er hinterlassen hat, zeigen dasselbe Interesse, das aus Co's Noten spricht. Edwards III. Lateinischen Freibrief für London hat er 1327 vorgelesen, veröffentlicht und Englisch erklärt[8].

---

1) Für das Freiwerden der Leibeigenen durch Stadtaufenthalt citirt er auf der letzten Seite ECf aus unserem Werke, das sich in der Gildhalle befinde. Zu Stellen über London setzt er *Nota bene* (p. 55) und Bemerkungen zu London's Ruhme; unten 25, 22. Er erwähnt Edward's II. als *regis nunc* (p. 56. 136) und der Londoner Reiserichter 1321; p. 186. 2) ECf 5. 3) Zur Geldstrafe der Dorfschaft für dort geschehenen Todtschlag, ohne Entdeckung des Thäters oder Nachweis Angelsächsischer Rasse des Erschlagenen, setzt er *De Englecheria* III Wl 3; ECf 15. 4) Zu Hn 50 steht die zu 49 gehörige Rubrik, und fortan in Co und Or jede Überschrift um ein Capitel zu spät. Der Corrector in Co p. 89 bemerkt: *Semper ab isto capitulo in antea sequens rubrica est de precedenti capitulo, ut ad oculum patet*. 5) Vgl. Welch, Dict. nat. biogr.; Stubbs, Chron. of Edward I., I 137. 323. xxiij. 6) Whitaker bereitet eine Ausgabe des *Mirrour aux justices* vor. 7) Ann. London. a. 1241 werden Flores histor. Westmon. abgeschrieben, aber folgende Worte eingefügt: 'Obiit Alienora Britannie, que fuit vera heres Anglie'; genau die Anschauung wie unten 48. 8) Ann. Paul. ed. Stubbs 325.

Wahrscheinlich ist also Horn Co's Corrector, und die 'Leges London. sacc. XIII in.' gehören zu den von Horn benutzten Quellen. Auch für die lügenhafte Art, von grossen Königen der Vorzeit, wie Aelfred und Eadward, das gegenwärtig geltende oder erhoffte Recht abzuleiten, fand Horn in dieser Sammlung sein Vorbild; s. u. 11; 24 b 6 c.

2. Mit Sicherheit zähle ich zur vorliegenden Sammlung das Stück[1] „De numero provinciarum et patriarum et comitatuum et insularum"[2]. Der Verfasser benutzt hier stellenweise vielleicht Heinrich von Huntingdon: dass England 35 Shires enthalte, stimmt zu dessen zweiter Ausgabe[3]. Dieser nennt unter den Inseln *Orcadas*, *Man*, *Wicht*, unser Londoner *Orcaneiam*, *Ordas*[4] *et Man*, *Gurth*. Sollte er nicht *Gurth* aus *Guith*[5] (d. i. Wight) verlesen und aus den Orkneys zwei Gruppen gemacht haben, indem er den einen Namen verderbte, den anderen, der vielleicht einst als Glosse darüber stand, daneben setzte? Jedenfalls enthalten die 4 Wörter zwei Irrthümer; dazu begeht Verfasser zwei fernere, Caithness und Gurt als Inseln des Westmeeres zwischen Britannien und Skandinavien zu betrachten. Eine fünfte Verdrehung tritt hinzu: *Deira*, *Moronia*[6], *Enchegal*[7] und die vier genannten Inseln fügt er ein in die (anderswoher abgeschriebene) Aufzählung der Landschaften unter Denalagu. Denselben Zusatz bietet nun unser Werk auch zum Abschnitt 33 des Edward Confessor, der angiebt, wo *erat lex Danorum*. Da fügt es nämlich ein[8]: *Deira et insularum, scilicet Cathenensium, Mannensium, Muref.,*

---

1) Hieraus schöpft Cambr. Univ. Dd 6, 38, 16. Jh. Irrig überschreibt Co: *Hic incipiunt leges regis Ine*. 2) Bessere den Text bei Riley 624, Z. 5 tr. divisorum consuetudinibus, quo t. l. d., s. [W]ess. [laut Z. 26]. — Z. 22 Ordas et Man [laut p. 625, 25]. — 26. To Wess. — 625, 2 appendiciis, et] Cornubia [Cornwall zählt Verf. als Provinz]. — Z. 3 vocatur *dafür: dicitur* Co. Or. — Z. 7 für Glat. auf Rasur Glwaterhave Co, im Text Or. Ich übergehe unerhebliche Varianten. 3) Ed. Arnold p. 10. Vgl. u. 15. 4) Co. Or. bessern *Orcadas*. 5) So Nennius c. 2 (Mon. hist. Britann.). 6) So schrieb wohl Verf. statt *Moronia* der Hss. 7) Inch-Gal, Hebriden. 8) Schmid 513[2]. Der Kürze wegen lass ich bei diesen Vergleichen das fürs Argument Unerhebliche ohne . . . fort.

*Orchadum, Enchegal, Ordas., Gurth.* Und weiter unten (17) wird Verfasser erzählen, an wen Cnut verschleuderte *Mureviam, Cateness, Enchegal, Gurtuam, Mannam, Ordasiam insulam, Orcaneiam.* Ist es möglich, dass Jemand anderes genau dieselben fünf Schnitzer an anderer Stelle interpolirt hätte?

Die Ursache, weshalb unser Verfasser Moray und Caithness mit den Orkneys für Inseln hält und der Denalagu unterstellt, liegt klar: Der Norwegische Jarl von Orkney besass Ende des 12. Jahrhunderts auch Theile jener nördlichsten Länder Schottlands. Wahrscheinlich hat hier *Insulae* die besondere Bedeutung des *regnum Manniae et Insularum*, welches vorübergehend Ende des 12. Jahrhunderts auch Caithness erwarb. Die Oberherrschaft über Man zu beanspruchen, hatte England damals mehrfachen Anlass: König Reginald trat 1205 unter Johanns Schutz und ward 1212 sein *homo ligius*. 1210 hatte die Englische Flotte Man geplündert.

Deutlich benutzt Verfasser ferner hier den Galfrid von Monmouth II 1; IV 19; IX 12. Er wird ihn weiter unten mehrfach ausschreiben, und zwar gerade wieder IV 19 und IX 12. Nicht nur Fabeln entlehnt er ihm; er hat sich, wie die ganze Englische Historiographie des späteren Mittelalters, am Lügengifte des Wallisers angesteckt. Gerade seine Zeitgenossen Wilhelm von Newbury und Girald Cambrensis protestirten als die Letzten und umsonst gegen jene Erfindungen.

Als die Zahl der Britischen Bisthümer giebt unser Verfasser 28, offenbar nur weil Galfrid IV 19 in Vorenglischer Zeit von *episcopi 28* fabelt. Diese Vermengung der verschiedenen Zeitalter ist für unseren Verfasser bezeichnend. Er datirt oft was Einer Periode eignet hinauf oder hinab.

Dass Wales 17, Schottland 18 Grafschaften enthalte, scheint frei erfunden, vielleicht um mit denen Englands die heilige 70 zählen zu können. Nach Edwards I. Eroberungen hätte man wohl beide Länder in London besser gekannt.

England erstreckt er über das einstige *Northumberland usque ad Forth, scilicet Loonia et Galweya.* Der Schottische Baron von Galloway war unter Heinrich II. und Johann Vasall

des Königs von England. Dass Lothian ein Lehn von England
sei, behaupteten Robert von Torigny und Matheus Paris. Die
Schotten meinten, ihr König habe das 1175 zugestanden[1].

Unser Verfasser betont neben diesen Sonderansprüchen
auch Englands Herrschaft über ganz Schottland, hier aber nur
als *de iure*[2] *et sine dubio* bestehend. Wilhelm der Löwe hatte
1175 Schottland von England zu Lehn empfangen, dann, dieser
neuen[3] Pflicht 1189 entbunden, wiederholt in unbestimmter
Weise dem König von England gehuldigt. Zu diesem unklaren
Zustande (und nicht zu Edwards I. juristisch bestimmter und
wirksam ausgeübter Herrschaft) passen des Verfassers Ausdrücke.
Weiter unten (17) streicht er dem Schottenkönig sogar den Titel
*rex* und setzt *princeps* unter Englischer Hoheit, nach Analogie
von Wales, dafür ein. Auch hierfür bietet Giraldus Cambrensis[4]
eine Parallele.

Nur denselben Sinn hat es, wenn er die Denalagu über
ganz Schottland und die Inseln, das Wessex-Gebiet über Wales
ausdehnt, wenn er hier und unendlich häufig[5] *Anglia* mit
*Britannia* identificirt; er verkündet sein Programm eines Grossbritannischen Kaiserthums[6]: *de iure potius appellari debet
excellentia corone (Britannie) imperium quam regnum*.

England zerfiel damals nur in Grafschaften, und diese hiessen
nur *comitatus = scire*. Um die Grenzen zwischen England und
den Nebenländern, zwischen Alterthum und Gegenwart, zwischen Wirklichkeit und Zukunftstraum zu verwischen, führt
aber unser Verfasser, hier und später oft, nicht nur *consulatus*
für *comitatus* ein, was viele Pedanten jener Zeit thaten, sondern auch *patriae* und *provinciae*[7]. Wie *regnum Anglorum*
hier *Wallia, Albania*[8] *que modo Scotia vocatur et omnes*

---

1) Girald Cambr. Instr. II 1.   2) „nicht factisch"; 26, 2.   3) Girald
ebd. 20 geht vielleicht zu weit, wenn er 1209 die Abhängigkeit von 1175
völlig hergestellt nennt.   4) *Scotorum principes nec coronari consue-
verant nec inungi* ebd. I 20; vgl. II 1.   5) S. u. 6; 25, 4; 5c; 11g;
19f; 31, 4.   6) Seine Geschichtskenntniss war zu gering, um es etwa
auf Eadgar zu stützen.   7) *Provinciarum viridarii* auch in Charta forestae
1217 c. 16.   8) Edw. Conf. 15, 7 versteht unter *omnes Albani* Engländer.

*insulas occidentales* begreift, so interpolirt Verf. in Wilhelms und Edwards Gesetz je eine Stelle, die *Britones Wallie, Scotos Albanie, insulicolas* zu Unterthanen des Eroberers macht[1]. Auch *regnum Anglie quod olim vocabatur Britannie* kehrt in jener Interpolation wieder, die in Hs. Sc um 1230 geschrieben ist. Ferner lässt der Interpolator hier Bisthümer gründen *per constitutionem bonorum predecessorum*, dort Wilhelm[2] sprechen von *consuetudines constitute a bonis predecessoribus*. Der Sammler fühlt, wie unbestimmt seine politische Geographie ist. Damit er die Grenzen des Britischen Anspruches möglichst weit ausdehnen könne, hält er sie gern recht in der Schwebe. Anstatt den Zubehör einer Landschaft deutlich anzugeben, sagt er, auf einer Seite sechsmal, *cum suis appendiciis*.[3]

2a. Der Grundstock dieses Abschnittes, an welchen der Verfasser seine krausen Interpolationen nur angesetzt hat, ist eine Übersicht über Englands drei Rechtsgebiete. Sie ist im 11. Jh. Angelsächsisch[4] abgefasst. Bei 13 Grafschaften giebt sie den Gehalt an Hiden an; unser Sammler lässt diese Parenthesen[5] fort. Sie ward im 12. und 13. Jh. oft benutzt.[6] Sie

---

Der Überarbeiter (vor 1154; s. u. 22) streicht *Albani:* es war schon 1138 Kriegsruf der Schotten. Nur in letzterem Sinne braucht es unser Verfasser. 1) S. u. 24, c. 2) III AWl 11. Dieselbe Form unten 11, 3. 3) S. u. 17. 4) Gervas von Canterbury las sie in einem *Liber vetus*, d. h. Angelsächsischer Schrift; ed. Stubbs II 417. 5) Gesondert aus Cotton'schen Hss. bei Kemble, Saxons I 493; aus einer Crowlander, bei Gale SS. XV, I 748. 6) Um 1100 wird ihr eine Statistik der kirchlichen Bezirke Englands vorangestellt (da sie Wilhelm II, aber nicht die Bisthümer Ely und Carlisle, erwähnt). Der also zweitheilige Tractat steht, sprachlich etwas um 1225 modernisirt, bei Morris, Old Engl. miscell. 145, Lateinisch um 1120 bearbeitet bei Simeo von Durham (ed. Arnold II 392), genauer übersetzt, jedoch mit Interpolation über Richard I., in Hs. Phillipps 8078 vom 14. Jh., stark verderbt im Durhamer Lib. reg. Sax. vom 12. Jh. (ed. Arnold 382, wo die Grafschaften Worcester und Hereford fehlen, Stafford, Chester, Salop unter Denalagu und 8 unter Mircenalagu, statt umgekehrt, angeordnet sind) und in Hs. Arundel 220 (ed. Gale III 560, wo Norfolk und Lincoln fehlen und statt *Stanuford:* Bedford zu lesen ist). Der Tractat ist ferner verwerthet von Bromton (ed. Twysden, X SS. 956) und vielleicht

zählt unter Westsachsenrecht 9 Shires, unter Dänen 15, unter Mercien 8, also in England 32. Unser Verfasser nimmt diese Zahl auf, unbekümmert um den Widerspruch gegen sein Capitel 2, wie er denn auch sonst nicht durch scharfe Logik glänzt. Ein Paragraph jener alten Übersicht schloss Schottland, Lothian, Northumbria, Westmorland, Cumberland, *Bretland* (d. i. Wales), Cornwall und Wight ausdrücklich aus. Unser Verfasser benutzt zwar die Worte dieses Paragraphen, aber, seinem Grossbritannischen Programm gemäss, nicht dessen Sinn.

Vom Altenglischen behält er laut der Hss. bei: *To Wesserene- (Mirchene-, Dane-)lage belimpet, fiftene* und *scire*. Vielleicht enthielt sein Autograph etwas mehr davon und flossen dorther einige bessere Angelsächsische Formen Sc's[1]. Oder sollte der Sammler im Exchequer, hier unabhängig, wie allerdings unten in den Leges Henrici, dasselbe Material wie unser Verfasser in der City benutzt haben? Schwerlich, da in Sc Stück 3 mit 3a unmittelbar vorhergeht (wie es hier sofort folgt), in bisweilen weniger gutem Text. Vermuthlich las vielmehr jener um 1230 bereits unser Londoner Werk schon hier, wie er diesem zweifellos unten Stück 24 entnahm.

3. „De numero hidarum Anglie in Britannia. Mirchene land est de XXX [mille[2]]..." Diese Liste früher, grossentheils uns dunkler, Namen von Völkerschaften Englands je mit ihrer Hidenzahl entstand vor der Eintheilung in Shires und vor der Vorherrschaft von Wessex[3]. Die älteste Handschrift, Ha[r]ley 3271] um 1000, lautet Angelsächsisch. Sie ist zuletzt bei Birch[4] und Earle[5] gedruckt. Unser Verfasser oder ein Vor-

---

von Leges Henr. I. 6; Edw. Conf. 30; 33; Malmesbury (ed. Stubbs 188) und Huntingdon 10.

1) Ed. Hunter, Gen. report on Public records 166. 2) fehlt Hss; im Original wohl durch Horizontalstrich über der Zahl ausgedrückt, der späterhin bisweilen in Sc steht, wo er K2 fehlt. 3) Vgl. K. Maurer, Krit. Überschau I 81; Stevenson, Engl. hist. rev. Apr. '89, 354. 4) Journal of the Brit. archl. as-oc. 1884, 28; Cartular. Saxon. I 414; Domesday book II. Birch vergleicht Hg und versucht (m. E. ohne Glück) Erklärungen. 4) Landboc 158.

gänger hat sie ein wenig latinisirt. Eine fernere Handschrift aus Rochester citirt Gale[1]. So lässt sich Riley's Text vielfach bessern[2].

3a. „Threohund' hidas hyrað to Heoreweburan . . .."
Diese Angelsächsische Liste von Orten mit Angabe der Hidenzahl ihres Gebietes entstand später als Stück 3. (Unser Verfasser freilich, der sie ohne Absatz anschliesst, fand sie wohl als dessen Anhang bereits vor.) Die Städte liegen nämlich, ausser Oxford, Worcester, Buckingham und Warwick, alle in Sussex, Hampshire, Berkshire, Wiltshire, Somerset, Dorset, Devonshire, während Cornwall, Kent, Ostanglien, das östliche Mercien und Northumbrien ausgeschlossen bleiben. Die Liste gehört also wohl ursprünglich Wessex und dem Anfange des 10. Jahrhunderts an.

[1] P. 752. Dagegen p. 748 braucht er Sc, K2, Or. — Spelman, Glossar. 292 benutzt Or, das er wohl aus Ha oder eigener Kenntniss besserte. [2] 626. Z. 3 Worcen setene [laut Gale 792; Wocen Ha] est de VII [so Sc; d. h. 7000] hidis; W. eac VII. [eac d. h. 'auch' ist aus dem Angelsächsischen übernommen] h.; Pecs. [so Ha; pechs. Sc.]. — 627, 1 hund statt centum Sc. Hy. — Z. 2 mid Heþf. Ha. — Sudgyrpa Sc. — Nordgyrpa Sc; Northgirwea Or. — 3. Eastwixna Ha; Estpyxna Hy. — 4. vor Spalda hat Ha: Westwixna w hyda. Eine Spur dieser K2. Co. Or. Sc fehlenden Zeile ist schwerlich Herstina w in Hy, was vielmehr aus Z. 5 verderbt scheint. — Wygesta were Sc. Hy. — 5. Herfinna Co. Sc; Hersinna wer Hy. — Speodora Co. Sc. Hy; Speord. Ha. — 7. Wyhitgara Co. Or; Pythgare Sc. — Noxgaga Ha. — 9. Als Summe giebt 66100 Hiden Ha. — Hwynca Co. Or. — Cylterna sætena Co. Or. — III Sc; 3500 Ha. — 11. Ynecunga Sc. — Arosætna Ha; Arotena Hy; Ærotena Sc. — 12. Ferpinga Co. Sc. Hy. — Bilmiliga Sc. Co; Birminga Hy. — 13. hinter hidas haben Ha. Sc: pyderinga eac spa. — Westwella eac swa; Eastwele sex centum hides Co; Eastwella w hid.; Westwella eac swa Sc. Hy gemäss Ha's Ordnung. — 14. Eastengle Co. Or; -gla Hy. — 15. Cantparana Co. — 16. c. hid. K2. Co. Or. Sc. Hy statt 7000 in Ha, wo Westsexena 100000 folgt, zwar eine nicht originale Einschaltung, die aber für die folgende Summe nothwendig ist. — þæt is calles æ [þusend and 42000 aus Ha zu ergänzen] hid. et we Sc. Hy wie Ha.

Hier endet Ha und Birch's Druck. Die Summe des ersten Paragraphen und die Generalsumme stimmen nicht. Es stecken folglich schon in Ha mindestens zwei Fehler in den Zahlen.

Einen mir unbekannten Codex (Cottonianus?) benutzte (neben K 2 und Sc) Gale 748. 792. Riley's Text lässt sich mehrfach bessern¹.

[3b]. Co p. 3, am unteren Rande:

„Littera þ est pro duplici w. Antiqui Saxones scribebant in Saxonica lingua semper pro duplici w: þ; et pro þorn littera sic: þ."

[3c]. Co p. 4, nachträglich, im Text Or:

„Memorandum quod 1 hida terre constat in aliquibus comitatibus $\frac{XX}{IX}$ acris terre, in aliquibus aliis comitatibus $\frac{XX}{VI}$². Et est hyda terre tanta terra³ quantam 1 caruca per annum potest peragrare."

Co am unteren Rande:

„Summa omnium hydarum in Anglia per antiquam estimacionem ccc mcc et 1 hyda." Diese Summe 303 201 ist die ungefähre Summe der Zahlen in Stück 3.

---

1) Threohund hidas byrað to Heorepeburan Co. Sc. Gale [hyrader nur Riley 627, 17, der ð als d' öfter verlas]. — 18. Hasting. hyrað V hund Co. Or. Ga. — 628, 1 Lape Co. Or. [Hastings und Lewes fehlen Sc]. — Burhham 726 hid. fügt Gale zu. — To Cisseceastre XV hund. hid. fügt Ga. Sc. Co (am Rande). Or. zu. — Z. 2 þonne hiraþ to Co. — Hamptona cl Co; l Ga. — 3. hund statt c Sc öfter. — 4. piltone Co. Or. Sc, Willon. 5. Sceaftesbyrig eac spa Co. Or. Se. — 6. Tpeonham (Sc; Twenham Co. Or) hyrað D h. butā xxx; Weareham 1600 h.; Brydian mdccc hid. butā xl. Die Zeile bu.—mdccc h. aus Gale ergänzt, der 1760 liest. Statt des zweiten butan hat buta Sc, buca Co, Buga als Ort K2. — 10. Piltone (pil. Hss., aber Pilton gegenüber Barstaple muss gemeint sein) wið [cum Ga; wis Co; þ' is Sc] Bear. — Statt cccc las ccc Gale, der 260 druckt; butā [s. Z. 6]. — 11. Weced Sc. Co. — 12. Oxanb. Ga; Oxone Co. — 13. Langport Co. Sc. — 14. Baðan K2. Sc; Bathe Co. — 16. et ccc, statt III, Sc. Gale. — 18. Sceaftes. Sc. Co. — 20. þ' is [statt This Co. Sc.] calles xxvII [Sc; = 27000] hidas and hundseofantig þe hyrað to þan [den Ort Thati erfand Riley]. — 22. peastsexum Sc; Wests. Co. — pigraceastrum Sc. Co. — 23. þeringewice Co. Sc.   2) Bei anderen Antiquaren um 1300 findet man 100, 160 Acres angegeben; Kemble Saxons I 493. Die Zahl 120 ist die häufigste (ebd. 101. 115); doch begegnet auch 180; vgl. Dt. Zeitschr. Gesch. 7 E 4f.; Domesday book f. 2: 450 acrae = 2½ solin.   3) Vielleicht aus Henr. Huntingdon. 1008: terra 1 aratri culturae sufficiens per annum.

## II. Aus dem Quadripartitus.

4. Unter den Stücken 4—18 sind die meisten wörtlich abgeschrieben aus dem Quadripartitus[1] und zwar in einer früheren Übersetzungstufe, als welche in den sonstigen Quadripartitus-Handschriften vorliegt[2]. Sie fördern also zwar dessen Textherstellung[3], aber nur mittelbar und selten die der Angelsächsischen Gesetze. Unser Verfasser ändert den Text, den er sehr häufig verderbt, fast nie mit Absicht, sondern drückt seine eigenen Gedanken aus in grösseren Abschnitten, die er selbständig zwischen des Quadripartitus Capitel einschiebt. Ferner weicht er insofern von diesem ab, als er eine chronologische Anordnung der Gesetze erstrebt. In diesem Sinne richtig beginnt er mit Ine.

4a. „Hic incipiunt leges Ine regis Westsaxonum. Ego Ine — — manbota domini."

[4b]. Ine's letzte Zeile fehlt also unserem Sammler. Co trägt sie am Rande nach und bemerkt: „Explicit ut apud Cantuariam"; vgl. oben 1a.

5; 5a; 5b. „De blaseriis.... Forfang.... De hundredo." Diese auch im Quadripartitus so einander folgenden Stücke weist der Londoner grundlos Ine zu.

[5c]. Da aber Hundred 2 „Eadmundi regis institutum" erwähnt, so bemerkte Co den Anachronismus; er schreibt, wieder wohl nach Collation mit T, an den Rand:

„De legibus Aepelstani regis; debent esse octavo folio seq. per hoc signum †." Dies Zeichen † steht auf p. 24, zu Aethelstan's Recht; s. unten 14h.

---

1) Vgl. Liebermann, Quadr. n. 87.   2) Noch Francis Tate in Hs. Jl, d. i. British Mus. Julius C II, citirt um 1613 einen *Liber Henry Siduei, d. presidentis Wallie*, betitelt *Quadripartitus*, aus welchem f. 64 v. III Aethelstan in der frühen Form copirt wird. Laut Tate's Citaten enthielt diese einzige Hs. des Quadr. erster Edition [neben nicht citirtem]: f. 29 Blas. Forfang; 32 III As; 33 VI As; 36 Ordal; 37b III Atr; 38b Pax. Wal; 51b Swerian; 52b Wer; 53 II Wil; Gethingth; 56 Ende von Rectitudines. Sie war also vollständiger als das von unserem Londoner Sammler Aufgenommene. Diese Spur von ihr liefert ein gewichtiges Argument für die Richtigkeit des Titels *Quadripartitus*.   3) S. u. 14cc.

Die drei folgenden Stücke sind Fälschungen des Sammlers. Sie haben inhaltlich, geschweige im Wortlaut, keine echte Spur von Ine. Und Verfasser hat nicht etwa irrig an sie geglaubt, wie er uns einreden will; denn er selbst hat sie erfunden. Ich nenne die Stücke 6 und 7: I und II Pseudo-Ine.

6. „Nullus vendat equum nec arma; nec lanas extra regnum Britannie[1] ultra mare mittere vel portare, antequam in pannis texeantur et operantur; et cum lane in [pannos[2]] perficiantur, deinde panni extra regnum ultra mare libere recedant et a mercatoribus emantur et vendantur et libere mittantur et deportantur extra regnum ultra mare per universas regiones." Des Verfassers Stil erhellt aus *regnum Britannie*[3].

Unten (14b und 25, 20) wird er die Quellen dieser Verbote von Pferde- und Waffenausfuhr[4] copiren, nämlich II Aethelstan 18 und die Assisa armorum von 1181. Dagegen ein allgemeines Verbot der Ausfuhr von Rohwolle[5], ein Gebot, sie nur Englischen Tuchfabriken zuzuführen, oder eine Begünstigung der Tuchausfuhr entsprach um 1200 noch nicht der Wirklichkeit, sondern einem weit voraus schauenden Programm[6] der Freunde heimischen Gewerbfleisses. Der Sinn für internationalen Handel erhellt noch stärker aus dem folgenden Absatz. Auch an anderen Stellen übertüncht dieser Londoner mit nachgemachtem Edelroste höchsten Alterthums Ideen, die er in der Zukunft verwirklicht hofft[7], und weist Ine[8] besonders das Londoner Fremdenrecht von 1200 zu. Ine ist aber nur einer der Gesetzgeber, denen der Verfasser seine Fälschungen

1) audeat *oder ähnliches zu ergänzen.* 2) *Übergeschr. Co; fehlt K2.* 3) S. o. 2. 4) Vgl. Ai f. 129: *Aldermannus in pleno wardemoto suo precipiat, quod equos habeant.* 5) Ausfuhrverbote für gewisse Zeiten und Länder sind häufig genug (5. Aug. 1214 hindert der Bischof von Winchester Pferde-Ausfuhr); aber die Ausnahmen ebenso (z. B. Johann's für einen Genter bei Höhlbaum, Hans. Urkb. I n. 81; 1213 dürfen die Templer Wolle auf dem Festlande verkaufen). Mit dem Hass auf den Wettbewerb der Flandrischen Weberei hängt vielleicht zusammen, dass Verf. unter den Fremden, die Handelsprivileg geniessen (s. u. 25, 12f.), neben Bretonen, Dänen und Deutschen nie der Flandrer gedenkt. 6) Vgl. Schanz, Engl. Handelspolitik I 436. II 16. 7) S. u. 54, 4. 5. 8) ECf 32 C 2.

unterschiebt. Die anderen sind Arthur, Aelfred, Cnut, Eadward Confessor und Wilhelm I.

7. „Una moneta de argento et unum pondus et une mensure et une consuetudines mercatorum et theolonii[1] sint per omnes portus regni Britannie et per universum regnum predictum. Et mercatores[2] habeant salvum et tutum iter veniendi et eundi et revertendi cum mercibus et pecuniis et facultatibus suis, datis legitimis consuetudinibus, per omnes portus predictos. Sed non exeant nec excedent in regno metas libertatis portuum cum mercibus suis. Perhendinare possunt per spacium quadraginta dierum per omnes portus predictos, et non diucius, nisi vento vel tempore adverso vel infirmitate vel navis fractione vel aliis legitimis de causis impediantur et detineantur."

Über Mass und Gewicht kannte der Londoner jedenfalls die Assise von 1197, die wahrscheinlich einen Theil seines Werkes (u. 47, 3) bildet und jedenfalls Anfang des 14. Jh. in der Gildhalle citirt und copirt worden ist[3]. Auch unter Wilhelms Artikel wird er unten (24b 6) einen Satz (7) über *mensuras et pondera per universum regnum* einschmuggeln. Die Aldermen Londons, mit denen er wohl in naher Beziehung stand, *solebant*[4] *in wardis suis mensuras et pondera sigillare*. Wiederum II Aethelstan (14) regte wohl zum Anfange an: *una moneta sit in regno*. Die Einheitlichkeit von Zoll und Steuer, welche unser Verfasser fordert, zielt vermuthlich gegen die Willkür der Krone, die *mala tolta*. Den fremden Kaufleuten spricht er freien Verkehr[5] zu in den Worten, die König Johann am 5. April 1200 der Londoner Commune anbefahl und die Magna charta 41 ähnlich wiederholte. Indem er jedoch im Geiste städtischer Handelseifersucht[6] ihren Aufenthalt beschränkt,

---

1) thel. *K 2*.   2) *Mercatores salvum habeant ire et redire cum mercibus per debitas consuetudines* Rot. chart. ed. Hardy p. 60.   3) Or f. 101 und Riley 383.   4) Lib. albus p. 38.   5) Errichtung von Märkten legt Ine bei eine Mittelengl. Reimchronik, vielleicht aus London, von c. 1327; vgl. Sternberg, Engl. Stud. '93, 376.   6) Köln erhält 1213 den Engl. Freibrief von 1194 bestätigt nur *salva libertate London.*: Höhlbaum III p. 395.

räumlich und zeitlich, greift er auf einen Zustand zurück, von dem der König längst die wichtigsten Kaufleute eximirt hatte[1], die Englischen Bürger aber noch lange nachher nicht ablassen wollten. In einer Londoner Stadtrechtsammlung von 1210, die unserem Verfasser nahe steht, heisst es unter hergebrachten *Civitatis libertates: Foraneus mercator nequit plus quam XL dies . . . morari, nisi eum impediat morbus*[2] *. . . . Nequit transgredi . . . extra civitatem ultra metas.* Unser Verfasser kennt also Londoner Gewohnheitsrecht um 1200 und sucht dies zum allgemein Britischen aus ältester Zeit zu stempeln: eine Verdrehung, die er sich weiterhin noch öfter erlaubt.

8. „Regnavit[3] ab australi meta regni usque ad septentrionalem regni Britannie illustre." Mit dieser wild erfundenen Unwahrheit will Verfasser wieder Grossbritannien's Bestehen schon bis Ine hinaufdatiren. Er wird diese Phrase bei den folgenden Gesetzgebern[4] stereotyp wiederholen.

Die Stücke 9; 10; 10a und 10c sind aus dem Quadripartitus abgeschrieben.

9. „Incipiunt leges Alvredi regis. Ego Ælfredus rex hec collegi — — amplius iudicia destinabunt." Der Londoner lässt Aelfreds Anfang, die geistliche Einleitung, bis Einl. 49, 9 fort, vermuthlich, weil sie sich fast mit der Vulgata deckt.

[9a]. Co merkt diese Auslassung bei der Collation mit jenem Quadripartitus aus St. Austin's (s. o. 1a) und giebt daher auf

---

1) Vgl. Höhlbaum, Hans. Urkb. III, p. 389. 2) S. u. 46, 1; 52, 3; Cunningham 541. Auch f. 100 hat Ai (daraus Lib. custum.): *nul Loereng plus de XL jurz, si ne le desturbe rent ou mal* [Höhlbaum p. 391]. Die 40 Tage noch bei And. Horn, Mirroir des justices I 3; Lib. custum. p. 68 und „durch Jahrhunderte auf dem Papier" Höhlbaum, Hans. Urkb. III p. 382. Vielleicht standen sie am Schlusse der Libertas civitatum (ed. Schmid, Ges. der Angels. 519). Dies Denkmal des 12. Jh., das London gehört und auch sonst reichlich mit Ai stimmt, schliesst nämlich *Nequit mercator foranus . . . magis in urbe perhendinare.* Das *magis* zeigt, dass *quam* mit einer Zeitdauer fehlt. Ein drittes Londoner Fremdenrecht, ebenfalls aus einer Hs. des 13. Jhs., und mit wörtlichen Anklängen an jene, druckt Höhlbaum a. a. O. Vgl. auch Schanz, Engl. Handelspol. I 384. 3) Vgl. u. 25, 8. 4) S. u. 12.

der letzten Seite des Bandes: „Incipiunt leges quas rex Ælfredus de Veteri testamento scripsit et scribere fecit. **Locutus est Dominus ad Moysen**" d. i. Aelfred's geistliche Einleitung aus Quadripartitus, bis 49, 9; alsdann: „Ego tunc Ælfredus rex hec collegi; etc.; Require in principio libri fere, ubi relique eiusdem Alfredi sunt."

10. „Fedus[1] Alfredi et Godrun regum. Hec sunt pacis agenda — — clene[2] bec habeant." Verfasser reiht dies Stück der Chronologie entsprechend schon hier an.

10 a. Wie seine Vorlage, hängt er ohne Absatz den 'Pseudo-Aelfred-Guthrum' genannten Abschnitt an: „Si quis rectum sibi petat — — dictum est. Cogitate qui[3] mei estis" [s. 10 b]. Der 5. Satz bestimmt: a) „Omnis homo secum habeat homines quos ad rectum possit presentare. b) Et nullum a se dimittat qui inculpatus sit [in[4]] manupasto eius, antequam ... rectum fecerit." Diese Sätze können aus erhaltenen Gesetzen seit Anfang des 10. Jhs. zusammengestellt sein. [Eine Handschrift ock[5] bemerkte dazu am Rande: „Sciendum, quod ista lex tenetur[6] tempore regis Edwardi filii regis Henrici."]

[10 b]. Co bemerkte bei seiner Collation wieder, dass unser Verfasser die letzten drei Zeilen von 10 a ausgelassen hatte[7], und fügte sie daher am unteren Rande[8] hinzu: „quam incongruum videatur, si regis[9] nomen habeam et non secundum potentiam; vel quid ambit homo domino suo, si secus ei non ambiat et competenciam[10]?"

10 c. „Alia concilia[11] Alvredi et Godruni. Hoc est concilium quod Alfred rex et Godrun rex elegerunt." D. i. Edw.-Gu. Eadward's Name fehlt schon dem Quadripartitus.

[10 d]. Hinter EGu setzt Co, nach Collation mit dem unverfälschten Quadripartitus[12]: „Liber Cantuariensis hic deficit."

---

1) *So Or*; Concilium *K 2.*   2) denebet *K 2; Co hat, gemäss Quadr. späterer Ausgabe, dazu am Rande:* i. e. mundam carnem.   3) quia *K 2.*
4) *fehlt K 2.*   5) K 2 und Co, nicht Or; s. u. 57, 2.   6) teneatur *K 2.*
7) *Vgl.* Quadr. p. 131.   8) Or im Text.   9) *n. v. Or.*   10) compone. *Co. Or.*   11) contra *K 2.*   12) *S. o.* 1a.

11. Bevor nun der Sammler in Stück 13 zu Aethelstan, der Chronologie folgend, übergeht, schiebt er ohne Absatz zwei Abschnitte eigener Erfindung ein. Ich nenne Stück 11: *Pseudo-Aelfred*. Denn der Verfasser will es nicht etwa Eadward oder Guthrum, die vorhergehen, beilegen, da er überall von ganz England, nicht von der Denalagu, spricht und von Eadward hier überhaupt nichts weiss. Und dass er nicht etwa zwei Gesetzgebern, wie Spelman meint[1], sein Machwerk unterschieben will, folgt aus *prohibeo* 11, 1. Vielmehr Aelfred's grossem Namen wollte er es anhängen, wie man ja im 12. bis 15. Jh. gerne undatirte Einrichtungen und weise Regeln[2], um sie mit dem Ansehen hohen Alters zu umgeben, Aelfred beilegte. Er mochte auch bei Malmesbury[3] über Aelfred's Errichtung von Hundert- und Zehnschaften und Fürsorge für Erziehung gelesen haben. Eben dorther kann er in Stück 12 Aelfred's Krönung durch Leo wissen. Der Rest seiner historischen Notizen ist falsch, z. Th. durch Einpressung in jene Grossbritannische Schablone; s. oben 8.

Erstaunlich weit eilt der Verfasser der Zeit nicht bloss Aelfred's, sondern dem 13. Jh. voraus mit dem Programm (11, 2) einer staatlichen Verordnung, jeder freie Doppelhufner, also fast jeder wohlhabende Grundbesitzer, keineswegs bloss der Ritterstand, solle jedem Kinde bis zu dessen fünfzehntem Jahre literarisch-religiösen Unterricht ertheilen lassen. Die Forderung der Laienbildung erklingt damals überhaupt selten. Vom Staate sie erzwingen zu lassen, fiel wohl nur einem Laien ein. Von einem weiten Antheile, wie es scheint auch der Laien, an weltgeistlichen Schulen der Stadt London, berichtet Wilhelm Fitz Stephen[4]. Die Grenze von 15 Jahren entnahm Verfasser wohl Aethelstan's Verbot (VI, 12), jüngere Verbrecher zu tödten.

Das allgemeine Religionsgebot 11, 3 und das Verbot einzeln aufgezählter Verbrechen 11, 1 klingen zwar an manche

---

1) Als *Foedus Aelr. et Gothuri* citirt er Gloss. s. v. *cephalus* 11, 2, als *Foedus Edouardi et Gu.* s. v. *onthorn*.   2) Vgl. die 'Sprichwörter Aelfred's.'   3) Reg. II; ed. Stubbs p. 129.   4) Sit. Lond. 11.

vom Verfasser gekannte Quadripartitusstelle an; genau gleich aber lautet keine; einen ähnlichen Schnörkel hängt er unten, ECf 32 C 6, Ine an. Characteristisch steht wieder *Britannia* und *corona* für England 11, 1; 4.

Dem Gerüfte zur Polizei, dem Aufgebot zum Festungsbau und Kriege zu folgen (11, 4), gebieten viele Angelsächsische und spätere[1] Gesetze. *Si supersedeat burhbotam vel fyrdfare* beginnt z. B. II Cnut 65, welche Stelle unser Verfasser (unten 18) copirt. Allein *herebode* scheint seine eigene Missbildung. — Vollends sicher nur seine antiquarische Missgeburt sind die *heretemii* = Heerführer: er hatte nämlich aus Ine 15 (oben 4a) copirt: *heretiem, conductio exercitus.* — Auch die Strafansetzungen *wer* und *wite,* Confiscation der Habe und Abkauf der Gliederverstümmelung, die er einzeln echtem Recht entnahm, ordnet er falsch an. *Drincelen* setzt er (ebenso ECf 32 B 5a; 10) neben *witam:* in dies Missverständniss gerieth er, weil er gedankenlos einen Absatz übersah zwischen dem *witam* endenden Capitel 80 Cnuts und dem *Et drincelean* beginnenden 81. — *Outhorn et outhest* klingt nur alterthümlich, allein letzteres Wort *(uthesium, uthest)* wanderte erst mit den Franconormannen in England ein; hier aber gilt es irrig erstens als Altenglisch, und zweitens die erste Silbe als *out*. Mit *outhorn* scheint laut des folgenden *ore aut cornu* Herausruf durchs Horn gemeint. Hornsignal und *mothorn*[2] sind bei den Angelsachsen bezeugt. Von dem faselnden und fälschenden Londoner allein möchte ich ein *outhorn* aber daraufhin nicht als echt aufnehmen.

Ebenfalls nur er weiss von *vicecomitibus, herethochiis, aldermannis, grevis* als Angelsächsischen Verwaltungsbeamten des 9. Jh. (11, 5). Er führt sie unter Cnut als grosse Lehnsträger und Heerführer ein; s. u. 17. Wo die Leges Henrici 7, 2 von *comites, vicarii, aldermanni* reden, wird er bei der Abschrift[3] wiederum *heretochii* und *greri* einschwärzen. Wo die Leges

---

1) A. 1195: *levato clamore sectam facient.* 2) Stapleton, Joc. Brakelonde 136. In jedem Londoner Ward *le bedelle eyt un bonn corn et bien sonant;* Lib. alb. Gildhalle p. 335. 3) Unten 31, 3b.

Edwardi Confessoris 32 den *gerefa* irrig mit *Graf* identificiren, wird er dem einen ganzen fabulosen Abschnitt *de heretochiis* hinzufügen; s. u. 25, 18. — Den Wunsch der Gesetzestreue und Eintracht aller Unterthanen äusserte so kindlich keiner der Angelsächsischen Gesetzgeber, so oft sie sich auch in Predigtton verloren. Hier spricht vielmehr nur unser Verfasser; auch verräth er seinen eigenen Stil[1]. Die zwei Englischen Worte *lure* und *laga* sind also nicht etwa der Rest eines Angelsächsischen Originals, sondern antikisirender Aufputz.

Noch an anderen Stellen, die er unter des Bekenners und des Eroberers Gesetze einschmuggelt[2], fordert er, die Engländer sollen *coniurati fratres* sein. Er meint nicht die Altgermanische Einrichtung der Schwurbrüderschaft Zweier, wie sie England im 13.[3] und noch im 17. Jh.[4] kannte. Vielmehr ein städtisches Verhältniss, die Eidgenossenschaft vieler Gleicher zum Zwecke der Erhaltung eines gesellschaftlichen Organismus, dehnt er auf den Staat aus, wie er auch sonst Stadtrecht zum Allgemeinen Landrecht macht; s. o. 7. Möglicher Weise dachte er an die Gilden, deren Genossen *Fratres* hiessen und ihre Statuten beschworen, wahrscheinlicher aber an die Londoner Commune. *Coniuratio* nennt diese Richard von Devizes a. 1191, vielleicht mit tadelndem Nebensinne. Aber nicht immer eignet ein solcher dem Worte, wenn es auf Stadtgemeinden Lothringens und Nordfrankreichs angewendet wird[5]. Dorther holte London damals die Amtstitel *Maior* et *Skivini*[6] (Schöffen); also konnte unser Verfasser dorther das Wort *coniuratio* für Commune kennen.

Pseudo-Aelfred 3 entstammt theils Heinrichs I. Krönungscharte, theils deckt sich der Satz mit des Verfassers Interpolation zu Hn 8, 1. — Pseudo-Aelfred 8 ist copirt aus EdCf 20.

Für Aelfred ebenfalls unmöglich ist die Vorschrift, jeder Staatsbürger stehe je nach Ortsrecht unter Friedensgilde, Fol-

---

1) 'Juxta constitutiones sanctorum patrum et bonorum predecessorum'; s. o. p. 7. 2) EdCf. 32 A 5; III AWl 9; Ps. Eleuther 4; vgl. unten 25, 5. 3) Mon. Germ. 28, 481,21. 4) Vatke, Culturb. aus Alt-Engl. 164. 5) Below, Gött. gel. Anz. 1892, 415. 6) S. u. 46; Gross, Gild merch. I 26.

kesmot, Scirgemot, Hundred, Wapentake, Riding, Lathe. Als angebliche Verwaltungsbezirke Englands nennt Verfasser wiederum, wie oben 2, *patriae, provinciae*. Jene echten Namen aber entnimmt er verschiedenen Orten, Zeiten und Einrichtungen: nämlich *Fridgild* aus VI Aethelstan (unten 14 m), die fünf letzten aus Edw. Cf. 31, wo er einen Abschnitt über *Folcesmot* einschwärzen und Londoner Ortskenntniss verrathen wird; s. u. 25, 19.

11, 1. „Fornicacionem, adulterium, seditiones, homicidium, murdrum, raptum, furtum, roberiam, violentiam, iniquum et iniustum iudicium, periurium, veneficium et huiusmodi vitia et innominia[1], que scandalum faciunt in regno, abhominaciones et que humanum genus ad gehennam ducunt modis omnibus per omne regnum Britannie prohibeo.

11, 2. Universis liberis hominibus totius regni nostri predicti, qui ad minus duas hidas terre possident, firmiter precipimus, ut liberos suos usque ad spacium quindecim annorum etatis sue habeant et teneant litterarum erudicioni ipsosque interim diligenter instruant, ut Deum agnoscant et deinceps sapienciores sint, et melius eis sit[2]. Verum liberum hominem illiteratum[3] pro bruto et cephalo[4] et stulto reputamus.

11, 3. Pacem[5] firmam per totum regnum et ab omnibus teneri per omne regnum predictum precipio, ut Deum timeant et mandata eius iuxta constituciones sanctorum patrum et bonorum predecessorum et sapientum seniorum diligenter observent[6].

11, 4. Nullus supersedeat outhorn[7] nec outhest[8] vel burhbotam[9] vel firdfare nec herebode ore aut cornu iuxta preceptum

---

1) ignominias.   2) *ut bene sit eis* Deuter. 5, 29.   3) Vgl. Rad. Dicet. I 148: *Rex illiteratus asinus coronatus*.   4) 'Dickkopf' versteht Spelman (Ducange), s. v. *cephalus*, nur auf diese Stelle hin; allerdings heisst der Fisch *capito* auch *cephalus*. Vielleicht meinte aber Verf. *acephalus*, das er in Leges Henrici 21 copirte mit dem Sinne 'ohne Herrn und gesellschaftliche Stellung'.   5) Kleingedrucktes aus Ch. Henr. I cor. 2, 3 a.   6) -vant K 2.   7) on thorn nec on thest Co.   8) *athest*, Gerüfte, Landgeschrei; Stratmann, Middle Engl. dict.   9) *burblot*. K 2. Co. Or.

heretemiorum regni, cum semper expedit et opus adfuerit expeditione pro communi utilitate corone regni Britannie, super weram et wytam et drincelen prima vice; et si secundo id supersedeat, perdat omne quod suum est; et componat[1] erga regem pro membris.

11,5. Sint etiam vicecomitibus et[2] herethochiis et aldermannis et grevis suis benigne et devote obedientes, ut decet, iuxta preceptum regis per omne regnum predictum.

11,6. Omnes sint in luve, hoc est in amore; se invicem robuste diligant et unanimes et concordes sint sicut coniurati fratres regni pro communi utilitate iuxta euangelium[3]: 'Omne regnum in se ipsum divisum desolabitur' et cetera.

11,7. Et in lagam, hoc est in legibus, pareant devote vel exulentur et pro exlegibus habeantur, nisi eis obedientes sint.

11,8. Et in tienmannetale[4], hoc est sub decenali numero et fideiussione libera, quod Anglice dicitur in freborgh, sint universi (ita quod, si unus ex decem forisfaciat, novem ad rectitudinem eum habeant aut solvant et restituant dampnum quod idem fecit),

11,9. et in fridgilde iuxta conditiones et professiones suas, in folkesmoth et in schiremoth et in hundred et in wapentac et in treþing et in leth secundum consuetudines patriarum et provinciarum et comitatuum regni.

12. Regnavit vero predictus rex Godrun quatuor[5] annis. Deinde suscepit[5] predictus rex Alvredus sapientia sua totum principatum, et totam monarchiam totius regni Britannie possedit, quod modo vocatur regnum Anglorum. Et regnavit cum multo honore annis XXXI[6] ab australi meta regni usque ad septentrionalem regni Britannie mercam. Coronatus vero fuit a domino Leone papa."

13. Nun beginnen wieder Quadripartitus-Stücke[7]. Unser Londoner folgt nur dieser Vorlage, wenn er sie sämmtlich, bis 14n, Aethelstan zuschreibt.

1) -nant K2.   2) fehlt Spelman s. v. alderman.   3) Lucas 11,17.
4) tiennem. Co.   5) falsch.   6) bessere XXIX: 872—901.   7) Quadr. p. 119—129.

14. „Hic incipit decretum Aelstani regis Westsaxonum de decimis dandis — — transgressione mea." D. i. I Aethelstan.

14a. „Secundum. De elemosinis agendis per omnia maneria eiusdem.

Ego Aelstanus notifico — — executum." D. i. II Aethelstan, Prolog über Armenpflege.

14b. „Tercium. De iusticia regni tractanda XXII capitula. [1] Imprimis est — — rex congregare potuit." D. i. II Aethelstan.

14c. „Quartum[2]. Qui[d] pertinet episcopis.

Episcopo — [§ 8] — displicet omnibus christianis."

14cc. „Quintum[3]. Qui[d] pertinet omnibus christianis. [§ 9] Christianis — [§ 14] — in terris iudicium superhabebimus. [§ 15] Et ideo opus est, ut eis pareamus[4] qui nobis parere debent; et tunc manutenebimur in[5] Dei omnipotentis iudicio. Amen."

Der letzte Paragraph fehlt zwar den übrigen Quadripartitus-Ausgaben und daher dem Drucke, übersetzt aber den Schluss von Polity 7[6], und entstammt folglich der früheren Quadripartitus-Ausgabe. Also hat unser Verfasser auch ihn nur abgeschrieben. Er hat den Einen Abschnitt irrig in der Mitte zerspalten.

14d. „VI. De regis weregildo. Regis weregildus est cum Anglis — — postmodum est sipcundes"; d. i. Northleod § 1—11.

14e. „VII. De cheorlis weregildo. Cheorles weregildum est in Mercenorum — — populus"; d. i. Merce.

14f. „VIII. De weregildo tpelfhindis. Tpelfhindis hominis iusiurandum — — dignius est"; d. i. Ath.

14g. „[7]Quot sunt dona Spiritus sancti" d. i. Had.

1) Determinatum id *[so]* est, ne parcatur alicui furi ad manum habenti *fügt zu K2. Unter den Münzstätten hat K2 Oxonia statt Exonia;* s. u. 14i. 2) XXIII *roth am Rande K2, als wär es Fortsetzung von 14b. Die Überschrift Co's entstammt wieder der anderen Quadripartitus-Ausgabe T.* 3) XXIIII *am Rande K2.* 4) *bessere* parcamus *(wohl nicht* compatiamur *oder* provideamus, *wie Quadripartitus* beorgan *und* scyldan *in diesem Capitel § 13; 7 übersetzt).* 5) ut *K2.* 6) Ed. Thorpe 427. Man bessere in meinem Quadripartitus p. 123 die Marginalie: „Thorpe 426 f." 7) „XXIX" K2, *wie es scheint, die Stücknumerirung Aethelstans mit der Capitel-Numerirung aus 14b verwirrend.*

[14h]. Am unteren Rande sagt Co, hierher zu Aethelstan gehöre das obige Stück 5; s. o. 5c. Or setzt diese Randnotiz mitten in den Text.

14i. „¹Decretum sapientum Anglie. Hec sunt iudicia que sapientes Exonie² — — sit hoc idem." D. i. IV Aethelstan.

[Bei diesem Stücke erhellt, wie der Corrector³ in Co nachträglich den schon niedergeschriebenen Text gemäss der Collation änderte: An den Rand setzt er c. 6,2 in Form T, hinter 6,1 und streicht 6,3 im Texte, welcher gleich K 2 gelautet hatte.]

14k. „⁴Decretum Aelstani de pace observanda. Ego Aelstanus rex notifico — — ipse." D. i. V Aethelstan.

14l. „⁵Decretum episcoporum et aliorum sapientum de Kancia — — implere⁶ valeamus." Dies Stück, III Aethelstan, steht in ock's Form (s. u. 57, 2) auch in Hs. Jl, die jedoch nicht einen Codex unseres Londoners, sondern einen Quadripartitus frühester Edition darstellt. S. o. 4, Anm. 2.

14m. „⁷Decretum episcoporum et aliorum sapientum Londoniensium. Hoc est constitutum — — fuit antea." D. i. VI Aethelstan.

14n. „⁸De ordalio precipimus — reddat regi⁹ CXX sol. wite." D. i. Ordal.

Bis hierher ist Quadripartitus von der Erwähnung Aethelstans ab ohne Auslassung und ohne Zusatz abgeschrieben. Da jenes Werk nunmehr einen anderen Königsnamen erwähnt, so schliesst unser Verfasser mit seiner stereotypen ¹⁰ Phrase:

15. „Regnavit vero predictus¹¹ rex Aelstanus XIV annis [¹²et X septimanis] ab australi meta regni usque ad septentrionalem mercam¹³ regni Britannie, scilicet usque ad metas Arthuri quas corone regni Britannie constituit et imposuit. —

---

1) Als XXX zählt dies *K2*. 2) Oxonie *K2*; s. o. 14b. 3) S. o. 4b. 4) XXXI *K2*. 5) XXXII *am Rande K2*. 6) impellere *Or*. 7) XXXIII *am Rande K2*. 8) Constitutio de o. Prec. *Co*. 9) *fehlt Co*. 10) S. o. I. 8. 12. 11) r. p. *Co. Or*. 12) et X s. *übergeschr. Co; fehlt K2*. 13) metam *Co. Or*.

Expliciunt leges Aelstani regis." Der vorletzte Satz zeigt wiederum wie der Verfasser sein Grossbritannisches Programm an die Keltische Vorzeit[1] anknüpft. Aethelstans Regierungsdauer giebt Huntingdon ebenso ungenau auf 14 Jahre an. Co's Quelle dagegen geht zurück auf die Angelsächsischen Annalen[2].

[16]. Vielleicht nicht[3] unser Londoner, sondern erst sein Bearbeiter lässt hier folgen das Altenglische Gottesurtheil-Ritual. Es lautet theilweise voller als die Rochester'sche Form, die allein vollständig gedruckt vorliegt, und stimmt eher mit Benedictionalien des 11. Jhs. zu Cambridge und London, die noch der Untersuchung harren, oder mit dem Drucke bei Zeumer, Formulae 719; 695 n. 3. Was Lambard (c. III Z. 15 — c. IIII Z. 26) bringt, sind der Anfang und Stücke aus Co, jedoch nur vom *ferro candenti*, während in Co. Or *iudicium aque frigide* folgt.

[16a]. Folgender Nachtrag in Co[4] citirt das kanonische Recht, nämlich die Decretale von 1222 in Gregor's IX. Decret V 35, 3: „Memorandum, quod istiusmodi purgatio, videlicet ordalii, fuit condempnata per papam Innocentium III. et tempore regis Johannis Anglie, filii regis Henrici II., c. a. D. MCCV[5] per Decret. l. V. et capitulo De purgatione vulgari: 'Dilecti filii noviter in Livonia.'

Nota, quod huiusmodi purgatio primo[6] canonizata fuit per concilium Triburiense[7] secundum[8] Decretum per Bernardum Papiensem[9]."

*Decreta Gratiani* citirt der Benutzer Co's nochmals p. 55.

„Memorandum, quod iudicium ferri candentis est ad purgationem hominum liberorum, et iudicium aque est ad homines

---

1) S. u. 25, 11. Dass er Aethelstans Erfolge über Cornwall, Wales, Schottland kannte, folgt daraus nicht. 2) A. 940: XIIII *gear and X wucan*. 3) Denn dies Stück fehlt K 2. 4) Am Rande; auch in Or. 5) *Bessere* MCCXV (Concil. Lateran. IV c. 18). Hier vielleicht aus Gregorii IX. Decret. c. 9, l. III, t. 50. 6) c. f. primo *Or*. Falsch. 7) A. 895, c. 22: „*Libertate notabilis . . per ignem candenti ferro caute examinetur*"; Capitul. Franc. ed. Krause (Mon. Germ. Leg. II) II 225. 8) s. D. p. B. P. *fehlt Or*. 9) Ed. Laspeyres (Ratisbon. 1860). Wo? Vgl. Schulte, Gesch. canon. Rechts I 78.

rusticos; et hoc invenies in legibus Henrici II. in penultimo folio", d. i. Co's p. 167 f., wo Glanvilla XIV 1 schliesst: *per ferrum calidum, si homo liber, per aquam, si fuerit rusticus.* Vgl. u. 40.

Co's Benutzer unter Edward II. beachtete auch sonst das für ihn schon veraltete Ordal: Zu Wilhelms I. Artikel vom *iudicio ferri* notirte er am Rande: „Hoc datur inteligi quod ordalium fuit in tempore Willelmi Conquestoris."

17. Die im Quadripartitus auf Aethelstan folgenden Gesetze Eadwards, Eadmunds, Eadgars und Aethelreds sowie die dazwischen stehenden Absätze lässt der Londoner Sammler fort. Er springt gleich zu Cnut hinüber. Dessen Recht stellt er, nicht wie Quadripartitus an den Anfang, sondern, wiederum[1] der Chronologie entsprechend, erst hierher.

Ihm schickt er ein Juwel eigener Schmiede vorauf, zusammengeschweisst aus wenigen geschichtlichen Brocken und frecher Lüge. Er erinnert sich an Cnuts Errichtung von vier Herzogthümern, an dessen Herrschertitel, die er in Stück 18 zu copiren im Begriffe steht, an eine Anzahl Anglo-Dänischer Personennamen, an jene[2] fehlerreiche Geographie Britanniens und vielleicht an eine Sagengeschichte der Grafen von Huntingdon; er schlägt im III. Haupttheil seines Werkes ECf 16 und Geneal. Norm. auf und erinnert sich der dort erwähnten *heretochii*[3]; er gedenkt endlich der in Vorzeit und Zukunft erträumten äusseren Grossmacht Britanniens, von der Schottland lehnrechtlich, mit militärischer Dienstpflicht, abhänge. Er krönt daher seine Identification Englands und Britanniens mit der Erfindung eines Völkernamens *Angli-Britones*. Cnut's Königthum erstreckt er deshalb auch über Schweden, sowohl hier wie in Stück 18, und den Grafen von Gothland lässt er hier Englands Lehnsmann werden (wie er unten 25, 11 aus Galfrid von Gotland's Eroberung durch Arthur erzählt). Wieder spricht er, statt Namen zu nennen, von den *appendiciis*[4] der Landschaften. Feudalität, erbliche Marschallwürde und Honor

1) S. o. 4. 10.   2) S. o. 2.   3) S. o. 11.   4) S. o. 2.

erschienen auch anderen Schriftstellern um 1200 als so uralte Einrichtungen, dass sie sie getrost in Angelsächsische Zeit zurückversetzten. Allein im Übrigen wusste doch damals jeder ernste Geschichtschreiber weit mehr Wahres von Cnut und fabelte weit weniger Unsinn über ihn als dieser Londoner. In ihm steckt neben dem Programmmacher auch ein Stück halbgelehrter Pedant, der aus geringem Wissen durch gehöriges Drehen der Begriffe meint die Räthsel der Wirklichkeit lösen zu können. In grober Unkenntniss Angelsächsischer Geschichte hielt er schon Ine und Aelfred für Monarchen ganz Britanniens, oder that. wenigstens so.

Wieso hatte nun die einst mächtige Krone Britanniens die Nebenländer ausser England verloren? Die bösen Dänen mussten daran Schuld sein: ebenso wie der Mönch[1], welcher seinem Kloster eine uralte Blüthe anlügen wollte, sie für den angeblichen Güter-Verlust verantwortlich machte. Unserem Londoner gewährte den Anlass zu seiner Fabel wohl der Satz in ECf 34, 2, wonach Englisches Recht zwei Menschenalter vor 1042 schlummerte. Er wiederholt ihn ECf 13, 1 A 3[2] und bringt ihn da in Zusammenhang mit Verschleuderung von Krongut durch mehrere Nordische Herrscher, nicht Cnut allein. Spuren wirklicher Geschichtskunde stecken nur in der Auswahl der Englischen Grafschaften, die der Verfasser nennt: es sind erstens die Baronie Davids I. von Schottland und zweitens das Dänische Ostanglien. Über Huntingdon, das hier voran steht, scheint er jene locale Quelle gelesen zu haben, die auch der Vita Waltheofi vorlag. Denn letztere[3] auch berichtet über *Beorn Dacus comes*, seine *auriculas ursi*, seines Sohnes Landung *apud Orkanciam*, über *comes de Huntedonia Tosti Dacus* und bringt auch die Nachricht über Huntingdon unten 29, 5. Die Stadt London ging der Honor Huntingdon vielleicht des-

---

1) So Pseudo-Ingulf von Crowland.   2) S. u. 25, 15.   3) Michel, Chron. Anglonorm. II 101 ff. Sie ist von Wilhelm von Ramsey in Crowland um 1219 verfasst; vgl. Liebermann, Ostengl. Geschichtsquellen, Neu. Archiv Gesch. 18, 252.

halb näher an, weil er eine Soca zu London[1] besass. Die Zusammengehörigkeit dieses Stückes 17 mit Stück 25 erhellt, wenn es noch eines Beweises bedürfte, aus der ausdrücklichen Verweisung auf letzteres.

„[2]Post[3] pacificatam Britanniam Chnutus rex Anglorum, Britonum et Danorum, Swevorum[4] et Norwegarum[5] dedit Tostio comiti honorem de Huntedoñ[6] cum suis appendiciis et Hesegaro comiti Westmerelondiam et Hano[7] comiti Cumberlandiam et Algaro comiti Coplandiam, et Olauo[8] principi Noricorum dedit Northumberlandiam et Norfolchiam, qui postea baptizatus fuit apud Rothomagum, et Lachmanno[9] principi Suenorum dedit Lonesiam et Sutfolchiam et porno[10] comiti Galweiam et Dunasio[11] herethochio suo dedit Albaniam totam, ipsumque principalem ductorem de omnibus herethochis tocius exercitus regni Britannie in expeditione iure hereditario constituit et gladium principatus debito honore lateri suo cinxit. Similiter dedit Riculpho comiti Gutlandie Mureuiam et Aschetillo comiti Catenessiam, Enchegal[12] cum suis appendiciis et Thrudo comiti Gurtuam insulam et Acero comiti Mannam insulam cum appendiciis et Tocto[13] comiti Ordasiam insulam cum appendiciis et Berno[14] comiti, consanguineo suo, qui habuit auriculas ursinas, dedit Orcanciam totam cum suis appendiciis. Taliter vero feodavit Dacos et Swenos et Noricos suos de regno Britannie. Deinde rogatu baronum[3] Anglorum-Britonum remisit in Daciam exercitum suum. Ipsi vero barones extiterunt fideiussores erga regem, quatinus quotquot in regno Britannie secum retineret, firmam pacem per omnia haberent. Verumptamen si quis Anglorum-Britonum aliquem illorum interficeret, si se super hoc defendere non posset iudicio Dei, scilicet aqua vel ferro,

---

1) Rymer, Foed. I. 1, 46.   2) Prologus super leges regis Knutonis *Co*.   3) Das klein gedruckte aus ECf 16.   4) Falsch. Swinorum *Co. Or*.   5) vielleicht aus Stück 18 Anfang.   6) Huntendoñ *Co. Or*.   7) Aus 'Hiricio', Eric?   8) Die folgenden Zeilen aus Geneal. Normannica.   9) Lachim. *Or. K2*.   10) porno *K2*; Porno *Co. Or; vielleicht* Thorfino.   11) Duncan I. von Schottland.   12) Enchetal *Or*; Encheal *Co*.   13) Cocto *Co. Or*. Torfino?   14) Björn.

fieret de eo iusticia. Si autem aufugeret[1], solveretur murdrigildo, ut inferius[2] explicabitur.

Deinde subscriptas leges constituit:"

18. „Hic incipiunt leges Chnuti[3] regis[4] Anglorum, Britonum, Danorum, Swenorum, Norwegarum.

Hec sunt instituta — — ei velle sit. Amen." D. i. I und II Cnut aus Quadripartitus.

[19]. An den Rändern der Seiten 40—53 Co's stehen nachgetragen mehrere Quadripartitus-Stücke in T's Lesart[5], die Or zum Theil in den Text aufnimmt, nämlich II Eadgar 4; 3 (mit der Bemerkung, der alte Kirchenschoss *chirchesead* sei in Normannenzeit von Laien usurpirt); *Juramentum fidelitatis tempore Edmundi*, d. i. Swerian, welches im Quadripartitus hinter II Eadmund steht; *Ex legibus Apelredi: Pax*, dort zwischen III und IV Aethelred eingeordnet; *De legibus Æthelredi: Si portirena* d. i. IV Atr 3; Eadgars Wollpreis III Eg 8, *sicut apud S. Augustinum Cantuar.*; und endlich aus dem Argumentum des Quadripartitus[6] c. 1 und 9—11. Diese Stücke ersetzen zum Theil das von unserem Londoner Übersprungene; s. o. p. 24.

[20]. Hinter dem Ende Cnut's stehen in K 2 f. 24 v. 1½ Columnen leer. Dann folgen fünf Blätter, die ich K 3 nennen möchte, die erst im 15. Jh. geschrieben, auch laut früherer Inhaltsverzeichnisse[7] erst nach dem 15. Jh. hier eingeheftet sind. Sie enthalten acht Angelsächsische Synodal-Acten, sämtlich bei Birch[8] gedruckt, und zwar mit zwei Ausnahmen[9] aus K 3. Die Quelle dieser fünf Blätter war möglicher Weise der in Canterbury um 1275 geschriebene Codex Lambeth 1212, wo die acht Synoden in genau derselben Reihenfolge[10] stehen.

21. „Dux Normannorum Willelmus vi validorum
Rex est Anglorum, bello Conquestor eorum.

---

1) aufuget K2. Co. Or.    2) ECf 16.    3) Knutonis Co.    4) qui preliatus est cum Edmundo [Edwardo Co] Irensyde Co. Or.    5) S. o. 1 a. 6) P. 85 Anm. b stehen Co und Or näher zu T gegen Dm.    7) Riley, Mun. Gildh. II p. XII; 508.    8) Cartular. Saxon. 92. 162 A. 290. 291. 311. 385. 422. 91.    9) 311. 422. Letzteres druckt aus K3 Wilkins Conc. I 178. 10) p. 307 f. 311 f. 314. 316. 320. 385.

Conquestor¹ regnavit XX annis et XI mensibus et Cadomo¹ᵃ sepultus est." Genauer wird der Verfasser die Grabstätte unten (26c) angeben. Wohl er selbst hat die zwei Hexameter gereimt, ebenso wie die über Heinrich II.

Zwischen diese Sätze schiebt K 2 ein Bild Wilhelms, im Kunststile etwa von 1300, und eine Tafel der Nachkommen Wilhelms I. bis Stephan ein.

Die dünnen Nachrichten über Regierungsdauer, Familie und Grabstätte der Normannischen Könige können aus vielen Chroniken des 12. Jhs. zusammengelesen sein. Neu ist keine. Vielleicht entstammen sie alle Einem mir unbekannten Werke.

### III. Aus Articuli Willelmi, Leges Eadwardi Confessoris retractatae und Genealogia Normannica.

22. Unter König Stephan fasste ein Anonymus drei Abhandlungen zusammen, von denen nur die erste, *Hic intimatur* beginnende, auch gesondert in alten Handschriften vorliegt². Die mittlere dagegen, Edward Confessor, erscheint für sich allein nur im ursprünglichen, etwas kürzeren, Text³, nicht in der uns hier angehenden Überarbeitung, die ich ECf retr(actatus) nenne. ECf retr. stand, wie es scheint, vielmehr vom Ursprung an hinter⁴ III Wl und vor⁵ der Genealogia ducum Normannorum, die ihrerseits nirgends anders als dem ECf retr. angehängt

---

1) Regn. autem Conq. *Co. Or.*  1a) Cadamo *K2*.  2) Vgl. Liebermann, Consiliatio Cnuti p. XVI. Dieser Anonymus liest III Wl stellenweise besser als die Hss. H (Roffensis) und Rl (Rawlinson C 641), die Einer Quelle folgen, und als T, meist aber schlechter.  3) Die Hss. Rl und Holkham 228 sind früher als die allein gedruckte (Schmid 491 links) S, die mit Phillips 8078 die Rubriken gemeinsam hat und die Quelle ist für Vitellius EV und Harley 785. Auch Cleopatra A XVI, um 1375, lautet stellenweise besser als jede der anderen Hss. Über Hr s. Consil. Cnuti p. XVII. Endlich brechen fünf Hss. mit Cap. 34, 1a ab.  4) So in allen Hss. ausser in dreien, deren Abweichen nicht massgebend scheint: Vorn verstümmelt ist Douce 139; Dublin Trinity 387 ist ein Sammelband kurz vor 1500; Cc, eine Sammlung der Londoner Gildhalle vom 14. Jh., jetzt Cambridge Corpus 476, benutzt neben dem ECf retr. in c. 3 die frühere Form und bricht c. 8 willkürlich ab.  5) Das Gegentheil in Cc erklärt sich durch Unvollständigkeit der Abschrift; s. vor. Anm.

vorkommt. So spricht wenigstens die Überlieferung nicht dagegen, dass der Retractator des ECf identisch sei erstens mit dem Zusammensteller der drei Stücke und zweitens mit dem Verfasser der Genealogia. Da letztere von Anfang an bis Stephan reichte[1] und Galfrid von Monmouth benutzte, entstand sie nach 1140, jedoch vor 1154, da Stephan's Regierungsdauer nicht überall ausgefüllt ist, und mit Heinrich II. die Handschriften auseinander gehen.

Von der also dreitheiligen Sammlung in ihrer ersten Form giebt es mehrere Handschriften; die früheste datirt von 1170[2]. — Eine fester einheitliche Gestalt gab ihr eine hinter III Wl eingefügte Liste der Rubriken für ECf retr., die die Genealogie mit umfasst; sie zählt nämlich als letztes Capitel: *XLV. Descriptio genealogie á Ról usque II. Henricum*[3], entstand also nach 1154. Die früheste Handschrift Lb[4] datirt um 1200. — Alle Handschriften, in denen diese Liste vorkommt, bringen die dreitheilige Sammlung hinter einem Heinrich von Huntingdon. Da unser Londoner nun sowohl jene Sammlung mit der Liste abgeschrieben als den Huntingdon benutzt hat, wird wohl auch er sie letzterer Chronik angehängt vorgefunden haben. Um so mehr als er bisweilen einen besseren Text liest als Cb und Hoveden und meist[5] mit Lb stimmt. Doch steht ihm auch Lb an Reinheit bisweilen nach (ECf 22, 4). Er geht wohl also zurück auf den Archetyp des mit dem dreitheiligen Anhang vermehrten Huntingdon. (Die Schreibstube der Gildhalle benutzte jedoch in den zwei folgenden Jahrhunderten den ECf nicht immer in dieser Retractatio, sondern einmal auch in der ursprünglichen Gestalt[6].)

---

1) In Cons. Cnuti p. XVII hielt ich den Abbruch mit 1100 für die mögliche Spur einer früheren Form; ihn verschuldet aber nur die Willkür unseres Londoners; s. u. 26, 6. 2) Cb; vgl. Cons. Cn. p. XVII. Eine andere schrieb Roger Hoveden um 1200 ab. Dieser nimmt zwar wie unser Londoner auch den Glanvilla auf, bietet aber andere Lesarten, bisweilen bessere, bisweilen schlechtere, als er. 3) Der Text aber endet *Stephanus a. XIX*. 4) Lambeth 118. 5) ECf 32, 3. 6) S. vor. S., Anm. 4 über Cc; unten 25, 2.

Seitdem die Leges Edwardi Confessoris als echt galten, schienen sie der Ausdruck der Laga Eadwardi, d. i. des Ideals spät-Angelsächsischer Verfassung, das schon seit der Eroberung, noch mehr seit der Heiligsprechung des Bekenners verehrt ward. So gelang es jener Privatarbeit, das Recht Cnuts, welches noch den Zeitgenossen Heinrichs I. als Ausdruck der Laga Eadwardi gegolten hatte[1], aus der Achtung der Engländer zu verdrängen. Schon ECf behauptet, 975—1042 schlummerte das Angelsächsische Recht und herrschte Dänisches. Unser Verfasser geht so weit, in Cnuts Zeit den Untergang des Rechts und der Staatsmacht zu verlegen[2]. Im selben Sinne schiebt er nicht diesem seine Herzenswünsche unter, sondern Arthur, Ine, Aelfred und vor allen Wilhelm-Eadward, welche beiden ihm als Ein Geist erscheinen. Er interpolirt die dreitheilige Sammlung so stark wie kein anderes Stück des Werkes und versieht dann jene Rubrikenliste, die er allen drei Stücken voransetzt, mit Vermehrungen, die seinen Einschwärzungen und Umstellungen innerhalb des ECf retr. entsprechen. Im folgenden Drucke erscheint kleiner was mit Lb stimmt, gesperrt was nur stilistisch abweicht. Die Arabische Ziffer am Rande giebt die heutige Citirnummer.

23. „[3]Hec sunt capitula de legibus s. Edwardi, quas Willelmus bastard confirmavit.

[Hic int.]   I. Decreta Willelmi bastardi et emendaciones quas posuit in Anglia.
[ECf Prol.]   II. Leges sancti Edwardi, quas Willelmus bastard confirmavit.
[ECf 1]   III. De clericis et possessionibus eorum.
[2]   IIII. De diebus pacis.
[3]   V. De iusticia ecclesie.
[4]   VI. De universis de ecclesiis tenentibus.
[5]   VII. Do reis ad ecclesiam fugientibus.
[6]   VIII. De fractione pacis ecclesie.
[7]   IX. De decimis ecclesie reddendis de ovibus et purcellis.
[8]   X. De apibus.
[9]   XI. De hiis qui ad iudicium ferri vel aque iudicati sunt in iusticia regis.

---

1) Co copirt diese Stelle des Quadr.; vgl. oben 19.   2) S. o. 17; u. 25, 12.   3) diese Zeile roth K2.

| | | |
|---|---|---|
| [10] | XII. | De Romescot. |
| [11] | XIII. | De danegeldo. |
| [11, 1A] | XIIII. | De iure et de appendiciis corone regni Britannie; et quod sit officium regis. |
| [11, 1B] | XV. | Epistola domini Eleutherii Lucio regi Britannie. |
| [12] | XVI. | De pace regis. |
| [13] | XVII. | Divisiones shirarum. |
| [16] | XVIII. | De invencione murdri. |
| [13, 1] | XVIIII. | Divisiones hundredorum. |
| [13, 1A] | XX. | De regibus Norwycorum et Danorum post mortem Alvredi regis. |
| [14] | XXI. | De thesauris. |
| [37] | XXII. | De usurariis. |
| [38] | XXIII. | De empcionibus sine fideiussoribus. |
| [39] | XXIIII. | De emptoribus et macecrariis. |
| [36] | XXV. | De latronibus. |
| [15] | XXVI. | Lex murdrorum. |
| [18] | XXVII. | Lex de misericordia regis; paciens et misericors Dominus: „nolo mortem peccatoriis [1]". |
| [18, 1] | XXVIII. | De captivis. |
| [19] | XXIX. | De uxoribus captivorum et iniquorum et de pueris eorum. |
| [20] | XXX. | De friborgiis. |
| [21] | XXXI. | De baronibus qui suam habent curiam et consuetudines. |
| [22] | XXXII. | De sacha. |
| [22, 1] | XXXIII. | De socha. |
| [22, 2] | XXXIIII. | De thol. |
| [22, 3] | XXXV. | Quid sit theam. |
| [22, 4] | XXXVI. | De infangenethef. |
| [23] | XXXVII. | De hospitibus. |
| [24] | XXXVIII. | De animalibus vel de alia re inventa. |
| [25] | XXXIX. | De Judeis. |
| [26] | XL. | De pace regis. |
| [27] | [2]XLI. | Item de pace regis. |
| [28] | XLII. | De centurionibus et de capitalibus friborgis[3], scil. tiende heved. |
| [29] | XLIII. | De hundredis et wapentachiis. |

1) Ezechiel 33, 11: *nolo mortem impii*.    2) *Diese Rubrik überspringt K2 und zählt daher die folgenden um 1 zu niedrig bis XLVIII.* 3) -giis *K2*.

[31] XLIIII. De trihynges et ledis.
[32] XLV. De grevis et aldermannis.
[32 B] XLVI. De herethochis et libertatibus[1] London.' et venacionibus regni Britannie.
[32 C] XLVII. De hiis qui de iure possunt et debent de iure cohabitare in regno Britannie.
[32 D] XLVIII. Descripcio regni Britannie.
[32 E] [2]De iure et de appendiciis corone regni Britannie.
[33] XLIX. Lex Noricorum et Danorum in regno Britannie, quod modo vocatur regnum Anglorum.
[35, 2/ Geneal. Norm.] L. De adopcione Willelmi bastardi in regem Anglorum.
LI. De ducibus Normannorum in Neustria, que modo vocatur Normannia.
LII. De secundo Willelmo rege, qui Rufus vocabatur."

24. „Decreta domini regis Willelmi bastardi et emendationes, quas posuit in Anglia, que olim vocabatur Britannia. Hic etiam intimatur" . . . . d. i. III AWl[3].

Ausser den drei Handschriften K 2[4], Co und Or haben wir für dieses Stück eine ältere, Sc, um 1230 geschrieben[5]. Allein Sc ist nicht die Quelle jener drei, oder gar ihrer Vorlage ock, da sich Sc mehrfach noch weiter von dem unverfälschten III Wl

---

1) -tate *K2*.   2) XLVIII *K2; diese Zeile fehlt Co. Or.*   3) Neben III AWl modernisirten die Hss. Ra (Reg. 13 A 18) und Vi (tell. A 13) diese Artikel. Sie beginnen gemäss späterer Kanzleiform *Nos Willelmus Dei gratia rex A.* und führen öfters den Pluralis majestatis 1. Person ein, und zwar Vi einige Male mehr als Ra; auch nennt Vi eine Lex: *Statutum*.   4) Nur weil hinter f. 40 ein Blatt ausgerissen ist, fehlt K 2 der Anfang von III AWl bis c. 14 Mitte.   5) Die übrigen zwei Handschriften sind Sc's Copien, nämlich Hg und K 3; s. u. 28. Unter den Drucken benutzt Selden (hinter Eadmer, 1623, Notae p. 189; vgl. p. VI) einen Cottonianus, wohl K 3 [vgl. *situ* c. 11]; Lambard zwei Hss., wohl Co und Sc (Unsinniges in Co, wie *imperato* statt *in aperto* c. 11, fortlassend); Wheloc Co oder Or; Wilkins 217a mit gewohnter Faulheit nur Lambard, obwohl er auf fol. ** v. behauptet, Hs. Tw zu folgen (was Schmid verführte, Tw statt Ld zu citiren); Rymer und Thorpe Sc; Schmid: Thorpe, Lambard und Hoveden, der aber III Wl, nicht III AWl, bietet.

entfernt[1]: Sc beginnt mit einer vom Urkundenstile entlehnten Zeile und endet demgemäss mit *Testibus etc.* Sc lässt, dem Kanzleibrauch seit Richard I. entsprechend, den König mehrfach im Pluralis maiestatis erster Person reden, wo Co. Or *suum, sibi* bewahren. Sc verderbt *eruantur* in *en[er]vantur* (17) und liest *London.*, wo das Original *Claudia* und Co *Laudia*, erst nachträglich in *Londra*[2] geändert, bietet. Mindestens einmal steht Sc dagegen näher als ock zu III Wl: statt *vetustam* schreibt Sc *vetitam*, Co. Or aber *venditam* (10). Folglich schöpfen Sc und ock III AWl aus Einer Vorlage. Dass diese Quelle der Archetyp unseres Londoners war, liegt an sich am nächsten anzunehmen, wie es oben für die Stücke 2a, 3, 3a wahrscheinlich war. Hier aber lässt sich der sichere Beweis führen. Gedanke und Stil der Interpolationen sind nämlich unserem Verfasser, und nur ihm, eigenthümlich. Man vergleiche[3]:

24a. III A Wil.

| | | |
|---|---|---|
| *Inscr.* Anglia, que olim vocabatur Britannia [*s. u.* 2]. | *Num. prov.* Britannia modo vocatur regnum Anglorum; *vgl.* 11, 1; 4. 15. 17. | *ECf.* 11, 1 A 4: unum regnum vocabatur regnum Britannie, modo regnum Anglorum. |
| 1. concordiam, iudicium, iustitiam inter Francigenos et Britones Wallie et Cornubie et Pictos et Scotos Albanie et insulicolas omnium provinciarum que pertinent ad coronam et dignitatem, defensionem, observationem, honorem regni per universam monarchiam Britannie. | *Num. prov.* Albania modo Scotia; *vgl.* 17. provinciarum que pertinent corone et dignitati; *vgl.* 11, 9. *Stück 12.* monarchiam regni Britannie, quod modo vocatur regnum Anglorum. | *ECf* 32 B 7: Anglicus vel Dacus vel Waliscus vel Albanicus vel insulicola. *ECf* 11, 1 A 2: honores et dignitates corone regni observare et defendere. |

1) So auch Stubbs, Rog. Hoveden II, xxx. xlij.  2) Hieraus würde also der Londoner Ursprung nur Co's, nicht unserer Leges Anglorum folgen. 3) Ich lasse alles III Wl gehörige, also vom Verf. nur Übernommene, und die fürs Argument unerheblichen Wörter fort. Die Identität des Wilhelm-Interpolators mit dem Eadward-Interpolator behauptet auch Stubbs; nach diesem die Unechtheit des Interpolirten noch zu erweisen, wäre überflüssig.

2. Intra et extra universum regnum, quod olim vocabatur Britannie [s. o. Inser.] fideles esse volunt, terras et honores illius omni fidelitate ubique contra inimicos et alienigenas defendere; s. n. 9.

3. Omnes sint sub protectione et in pace nostra per universum regnum.

5. totius monarchie regni nostri; s. o. 1.

6. Civitates, burgi, castella, hundredi, wapentachia singulis noctibus vigilentur, prout vicecomites et aldermanni providebunt.

7. per universum regnum mensuras et pondera, sicut boni predecessores statuerunt; rgl. n. 11.

8. Universi liberi homines totius regni habeant et teneant se bene in armis et equis semper prompti ad servitium explendum et peragendum de feodis et tenementis.

9. sint fratres coniurati ad regnum nostrum contra inimicos defendendum et servandum; pacem observandam omnibus modis pro posse suo sine dolo et sine dilatione s. o. 2.

Stück 7: unum pondus et mensure per universum regnum; rgl. n. 47, 3.
Num. pror. per constitutionem bonorum predecessorum; rgl. 11, 3.

Charta Henr. I. cor. 2, 3.
Stück 11, 2. universis liberis hominibus totius regni . . habeant et teneant.

equis et armis se bene ad servitium instruant.

Stück 11, 5: sint coniurati fratres regni.

*ECf* 32 A 5: defendendum contra alienigenas et contra inimicos terras et honores illius omni fidelitate; intra et extra regnum universum Britannie fideles esse volunt.

*ECf* 15, 7. Rex regni, sub cuius protectione et pace sunt omnes.

*ECf* 32 B 9: warde observentur et pro incendiis provideant.
*ECf* 32 A 1: civitatibus, burgis muro vallatis, castellis.

*ECf* 32 A 2: iura et consuetudines antiquas a bonis predecessoribus approbatas; *ähnlich* 32 B 13; 11, 1 A 7; u. Stück 31, 3c.

*ECf* 32 A 9. Universi liberi homines totius regni secundum feodum et tenementa arma habere semper prompta ad servitium explendum et peragendum.

*ECf* 32 A 5: se confederare sicut coniurati fratres ad defendendum regnum et contra inimicos servare.

*ECf* 32 A 1: pacem sine dolo et sine dilatione modis omnibus pro posse suo servare.

11. civitatibus, burgis clausis et muro vallatis, castellis consuetudines et ius commune constitute a bonis predecessoribus. Civitates edificate ad tuitionem gentium et populorum regni, observari debent cum omni libertate et integritate.

15. Qui velit servum suum liberum facere, in comitatu ostendat ei liberas vias et portas, et tradat illi libera arma, lanceam et gladium.

16. Si servi permanserint sine calumpnia per annum et diem in civitatibus, burgis muro vallatis, castellis, liberi sint in perpetuum.

*rgl. o. zu* III *A Wil.* 7. Quadr. II, Praef. 9. Constituerunt urbes, quo tuta fieret innocentia. Ps. Eleuther 4: gentes regni et populi.

Leg. Henr. 78, 1. Qui servum suum liberat, in comitatu liberas ei vias et portas conscribat et lanceam et gladium, liberorum arma, ei ponat.

Glanvilla V 5. A villenagio liberabitur, si nativus per unum annum et unum diem in villa privilegiata manserit.

*rgl. o. zu* III *A Wil.* 6.

ECf 11, 1 A6: debet cum omni integritate et libertate servare.

*rgl. o. zu* III *A Wil.* 11.

24b. Die Absichten, welche unser Londoner mit den Interpolationen verfolgte, erhellen überall klar:

1) Er wollte die Sprache dem Kanzleibrauch seiner Zeit anpassen und mit dem hochtrabenden Wortprunke, den er liebte, ausputzen.

2) Er wollte Englands Oberhoheit über Schottland ausdrücken[1]. Die Worte *universa monarchia Britannie* „are redolent of the claim of supremacy over Scotland[2]". Sie begegnen aber im selben Zusammenhange schon bei Giraldus Cambrensis, Instr. princ. II 1. Vgl. o. p. 6.

3) Er wollte die Wehrpflicht des Volkes hervorheben. Dazu benutzt er dieselbe Assisa armorum von 1181 wie in Pseudo-Ine 1 und in Pseudo-Edw. Cf. 32 A 9.

---

1) S. o. 2. S. 11, 1; l. 12. 17.  2) Stubbs zu Rog. Hov. II, xxxj.

4) Er wollte das Ideal des festesten Bandes unter den Staatsbürgern ausdrücken durch das Gebot der Eidbrüderschaft aller, die er an mehreren Stellen des Werkes fordert; s. o. p. 18.

5) Er wollte das *Commune concilium* als mitwirkend bei der angeblichen Errichtung des Lehnswesens durch den Eroberer hinstellen, und von *exactione et tallagio*, der Besteuerung durch königliche Willkür, *liberi homines* ausgeschlossen wissen. Das geht weiter als Heinrichs I. Krönungscharte (2, 3) und steht inhaltlich der Magna charta c. 12[1] nahe. In einzelnen Fällen aber wurde schon früher Steuer *per commune consilium*, so 1207, bewilligt, und ein Gemeinwesen, wie Oléron 1205, von *tallagiis et exactionibus* befreit. Die Londoner, 1255 erst im Processwege gezwungen, *recognoverunt se esse talliabiles*[2].

6) Er wollte die Entwicklung des Stadtprivilegs fördern, die städtischen Freiheiten, die er auch sonst für uralt[3] hält, bewahrt wissen; a) denn die Stadt bezwecke Rechtsschutz und Staatsvertheidigung; ähnliche Gedanken las er im Quadripartitus, aus dem er andere Stellen so reichlich copirte. Die Magna charta[4] bestätigte *antiquas libertates et liberas consuetudines Londoniarum* und der anderen Städte. b) Nur in Städten soll Markt gehalten werden unter gesetzlichem Zoll und Landrecht; Mass und Gewicht seien geaicht: dieselben Gedanken, die der Verfasser (Pseudo-Ine 2) ausspricht. c) Der Leibeigene werde frei durch unbeklagten Aufenthalt in königlicher Stadt während Jahr und Tag. Nur für privilegirte Städte, wie z. B. kraft der Freibriefe Heinrichs I. für Newcastle und Heinrichs II. für Lincoln und Nottingham, galt um 1200 dies Recht. Bald darauf hängt die Befreiung oft vom Eintritt in die Gilde[5] ab. Keineswegs gilt sie schon damals allgemein für jeden ummauerten Ort Englands. Wohl aber konnte ein weitblickender Mann die gewünschte Entwickelung des Vorrechts einzelner Städte zum allgemeinen Recht jeder Königsstadt leicht als

---

1) *Nullum scutagium vel auxilium nisi per commune consilium; simili modo de auxiliis Londoniarum.* 2) Madox, Hist. Exchequer 492. 3) S. o. 6. 7. 11. 4) c. 13. 5) Gross, Gild merchant I 9. 30.

bereits vollendet vorausnehmen. In gewohnter Weise[1] hängt unser Verfasser sein Programm dem grossen Gesetzgeber des 11. Jhs. an; so schrieb in der Gildhalle hundert Jahre später Horn[2] angebliches Villanenrecht Edward dem Bekenner zu.

7) Er wollte die Freilassung der Villanen überhaupt ausdehnen. Dazu greift er ein Stück der Leges Henrici 78, 1 heraus, genau wie an anderen Orten[3].

8) Er wollte öffentliche Sicherheitswächter allgemein angestellt haben. Verordnungen von 1233, 1252, 1285 drücken wohl zuerst gesetzlich dieselbe Absicht für ganz England aus[4], klingen aber nicht auffallend wörtlich[5] wie III AW1, ja gehen nicht einmal so weit. Unser Verfasser erhob wiederum den bestehenden Brauch (auf welchen sich auch Edward I. bezieht) zum angeblichen Gesetz und dehnt eine örtliche Verordnung zum Landrecht aus[6]. Er fand aber wahrscheinlich im Londoner Ortstatut von 1212[7] die Veranlassung oder die demselben Gedankenkreise entsprungene Parallele zu diesem Artikel 6, den er dem Eroberer beilegt.

9) Er wollte unter den Verstümmelungstrafen neben der Castration das Abhauen von Hand oder Fuss einführen, weil es weniger barbarisch schien oder vielleicht nur weil es um 1200 häufiger vollzogen wurde als jene[8].

So sind also Sprache, Absicht, Stoff, Quellen und Methode dieser Fälschung in Wilhelms Gesetz dieselben wie in Aelfred, Ine, Cnut und Edward Confessor. Wäre die Fälschung unter Edward I. entstanden, als jene Gedanken in klaren Gesetzen eine greifbare, leicht wiederholbare Form gefunden hatten, so müsste die Unbestimmtheit ihres mühsamen Ausdrucks auffallen. Sie entstammt vielmehr unzweifelhaft dem Menschenalter, das

---

1) S. o. 6; 7; 11, 8; 21 b 3.   2) Vgl. Vinogradoff, Villainago 420.
3) 11, 3; 31, 1 a.   4) Citirt von Stubbs.   5) Nur zu III AW1 6, *civitates burgi noctibus vigilentur*, lässt sich Gleichlautendes, doch mit anderen Endungen, aus Rymer's Foedera I, 1. 209, 281 anführen.   6) S. o. 7. 11.
7) Damals eingetragen in Ai, später Lib. custum. 86.   8) S. jedoch Henderson, Verbrechen in Engl. (Berl. Diss. '90), 40.

die Magna charta errang und stellt daher das der Zeit vorauseilende Programm eines Mannes dar, den wir schon oben p. 6. 16 als weitblickenden Politiker kennen lernten.

25. „Leges boni regis Edwardi, quas Willelmus bastard postea confirmavit. Post adquisitionem Anglie prefatus rex Anglie Willelmus . . ." d. i. ECf retr. Da Verfasser *prefatus* einfügt, bezeugt er, dass er dies Stück mit Absicht an diese Stelle setzt.

Hier hat er die frechsten Fälschungen eingeschwärzt. Lügner sollten ein gutes Gedächtniss haben; er aber vergisst z. B. fast[1] überall, dass den Rahmen dieses Rechtsbuchs eine (fingirte) Mittheilung rechtserfahrener Insulaner an Wilhelm I. über die Angelsächsische Verfassung bildet. Freilich eignete schon dem ursprünglichen ECf dieselbe ungeschickte Vergesslichkeit[2].

Nirgends sind die Interpolationen so augenfällig und nirgends so albern. Dennoch sind gerade sie ein halbes Jahrtausend hindurch citirt worden. Gedruckt wurden sie gleich mit der ersten Ausgabe des Angelsächsischen Rechts zusammen, durch (Ld) Lambarde 1568, jedoch nicht vollständig, wahrscheinlich aus Co. Thorpe wiederholte einiges, Schmid fast alles, und mit guter Erklärung, aus Ld. Riley druckte die bedeutendsten Capitel aus K 2, fast ohne Kenntniss jener Vorarbeit. Unedirt sind nur wenige zerstreute Zusätze.

[25, 1]. Es giebt zu den Leges Edwardi Confessoris einen seit Selden oft gedruckten Prolog, aus dem noch Schmid[3] echte Kunde über dieses Rechtsbuch, ja über die Leges Willelmi schöpfen zu können meinte. Letzteres wies schon Waitz[4] zurück. Aber jener Prolog verdient überhaupt gar keine Berücksichtigung[5]. Er steht nicht in den Handschriften K 2, Co, Or, sondern nur in einer vierten, Ce, bei dem Lichfelder Chronisten. Dieser benutzte allerdings einen Text, der stellenweise

---

1) S. jedoch 32 A 8; EG. 35, 1 A 1.   2) In allen Hss. des ECf ist von Wilhelm II. die Rede.   3) P. LVII; vgl. Stubbs, Hoveden II, XLV.   4) Götting. gel. Anz. 1856, 1696.   5) Vgl. Heim, Echtheit der Ges. Wilhelms (Diss. Giessen '82), 19.

besser lautet als die Vorlage (ock[1]) jener drei, wollte aber den ECf keineswegs vollständig abschreiben, sondern mit Kürzungen und Auslassungen überarbeiten. Er folgt dem ECf fortlaufend überhaupt nur bis 11, 1 A 9, bringt dann 13, 1 A bis A 3 und verstellt weitere Stücke mitten in seine Chronik (z. B. 11, 1 B und 32 zu Ine's Geschichte f. 38) oder an die Ränder. Er bessert auch aus eigenem Wissen Fehler seiner Vorlage. So corrigirt er in der Stelle des ECf (11, 1 A = 17, 1) den Namen des Papstes, den Pipin um die Königswürde befragte, aus *Johann* in *Zacharia, ut supra in Historia de imperatoribus;* mit letzterem Citat meint er den Martinus Polonus[2], welcher in dem Lichfielder Bande f. 17 voraufgeht.

Nun hatte unser Londoner ECf 34, 1b die Behauptung eingeschwärzt: die Bischöfe Thomas[3] und Moriz schrieben die Leges Edwardi auf Wilhelms I. Befehl eigenhändig nieder. Da sich das Rechtsbuch in Wilhelms viertes Regierungsjahr[4] setzt, ein arger Anachronismus! Denn Moriz erhielt London erst 1086. Die Quelle unseres Verfassers kann, glaub ich, angegeben werden: jene zwei Namen stehen obenan unter den Zeugen einer undatirten Urkunde des Eroberers, von der man in der Gildhalle eine Copie besass[5]. Der Lichfielder bemerkte, dass eine solche Angabe über die Schreiber ins Vorwort oder Nachwort des Werkes, nicht in die Mitte gehöre. Er arbeitete also die Capitel ECf Prol., 33, 34 zu einem besonderen Prologe zusammen. Kein Gedanke und nur hier und da eine Wortform ist darin sein Eigenthum. Er gewahrte erst nachträglich, dass unser Verfasser den Moriz zu früh angesetzt hatte, radirte also beide Namen aus und setzte die der Vorgänger an die Stelle, nämlich Ealdred von York (der schon 1069 starb) und Hugo von London, der aber erst 1075 das Bisthum antrat. Ealdred, *qui Willelmum coronaverat*, führt er wohl auch als den Vertreter des Altenglischen Staatsrechts hier ein. Hinter ECf 13, 1 A 3 sagt er (f. 48 v.) nochmals: „Hec itaque leges et quamplures

---

[1] S. u. 57, 1. [2] Mon. Germ. 22, 460. [3] Den Fehler *Cantuariensis* hat nur Lambard. [4] ECf Prol. [5] Lib. custum. 28.

alie, que perlongum foret omnes hic inserere, per predictos pontifices Aldredum Eboracensem et Hugonem Londoniensem in scriptis redacte, a rege Willelmo pro se et suis successoribus communi assensu baronum suorum concesse et in perpetuum confirmate sunt."

[25, 2]. Co's Corrector hat auch hier die Quelle unseres Werkes verglichen, jedoch nicht die unmittelbare, den ECf retr., sondern die ursprüngliche[1] Form des ECf. Er schreibt nämlich die von unserem Verfasser hier ausgelassenen Paragraphen ECf 11,2; 3 in frühester Lesart an den Rand. Or nimmt sie in den Text auf.

Zu ECf 12, 4 erklärt Co am Rande[2] XII *oras* durch XX *sol.*: Skandinavische Geldrechnung war nämlich um 1300 in London veraltet.

25, 3. Unser Londoner hat mehrfach die Sätze in ECf retr. umgestellt. Hinter 11,1 bringt er 17; 17,1; hinter 13: 16; hinter 14,1: 37; 38; 39; 36; hinter 15,7: 18. Der Chronologie zu Liebe stellt er die vom Jahre 1096 handelnden, also für den Eroberer unmöglichen, Sätze 11,2; 3 hinter Genealogia Normannica 15.

25, 4. Unter den Interpolationen macht der Kritik am wenigsten Schwierigkeit: ECf 32 D „Descriptio (de[3]) regni Britannie (commoditatibus[3])." Dies Capitel copirt wörtlich den Galfrid von Monmouth I 2 und schliesst, ihn citirend: „Saxones unde applicuerunt, et qualiter insulam inhabitabant, in Historia Britonum repperitur."

25, 5. Die berühmteste der Einschaltungen des Londoners ist der angebliche Brief des Papstes Eleuther an Lucius von Britannien 11, 1 B. Kein Codex, kein Druck[4] des Briefes existirt, der nicht von unserem Werke abhinge. Nirgends findet

---

1) Vgl. o. p. 29, Anm. 6.  2) Or im Text.  3) *aus Co. Or.*  4) Parkor brauchte auch sonst nur Lambard oder sein Material. Godwin citirt Parker; Harrison: „varia antiqua exemplaria"; Spelman: ms. Stowe und K2; Ussher: Lambard, Harrison, K2 und Liber Regum Breton (also ein Ms. frühestens vom Ende des 13. Jhs.); Coustant: Ussher. Die Handschrift Hk (vom 16. Jh.; vgl. Quadripart. p. 69) gehörte Parker.

sich ein Citat daraus, nirgends eine Anspielung darauf vor unserem Londoner.

Der Brief, über dessen Unechtheit[1] kein Wort mehr verloren zu werden braucht, ist eine weitere Fälschung unseres Verfassers. Man vergleiche:

| *Pseudo - Eleuther.* | |
|---|---|
| 4: Populi regni sub vestra protectione et pace degunt. Gentes vero regni Britannie et populi vestri sunt, quos divisos debetis ad concordiam et s. ecclesiam congregare, fovere, manutenere, regere et ab inimicis defendere. | *ECf* 15, 7 (= 32 A 3; 11): rex regni, sub cuius protectione et pace degunt. III *A Wil* 11: gentium et populorum regni. *PsAf* 6: concordes sint iuxta 'regnum in se divisum'. *ECf* 11, 1 *A* 7: Rex debet s. ecclesiam fovere, manutenere, regere et contra inimicos defendere. |
| 7f. Rex dicitur a regendo. Quod nisi feceris, nomen regis non in te constabit, nomen regis perdes. Deus, cuius vicarius estis ... | *ECf* 11, 1 *A* (= 17): Rex vicarius summi Regis est, ut regat. Quod nisi fecerit, nomen regis non in eo constabit, nomen regis perdet. |

Der letzte Satz genügt allein um zu beweisen, dass der Brief mit ECf verwandt, und ECf früher entstanden ist. ECf nämlich bringt den Spruch inmitten der historischen Erzählung vom Hausmeier Pipin, während der Eleuther-Fälscher ihn auf andere, um sechs Jahrhunderte frühere, Personen bezieht.

Von einem Briefwechsel zwischen Lucius und Eleuther musste unser Verfasser aus Galfrid wissen, da er dessen Capitel IV 19 schon oben benutzt hat; s. p. 5. Die Jahreszahl LXVII ist wohl aus Beda's 'CLXVII' verderbt.

Auch die Tendenzen dieser Fälschung fallen alle in den Anschauungskreis unseres Londoners und finden, mit Ausnahme

---

[1] Vgl. Haddan and Stubbs, Councils and eccles. doc. I 26. Dennoch wird der Brief noch immer als echt benutzt; vgl. Saturday Rev. 31. Dec. '92, 772.

der Ablehnung des Römischen Kaiserrechtes, ähnlichen Ausdruck an mancher anderen Stelle des Werkes. Eine Abweisung der Legisten hatte schon unter König Stephan stattgefunden. Dann hatten höfische Staatsbeamte Heinrichs II., wie Richard Fitz Nigel[1] ihres Herrn Absolutie mit Sätzen Justinians zu begründen gesucht. Zuerst hiergegen erklingt damals Widerspruch bei der hierarchischen Partei, wie bei Johann von Salisbury[2]. Alsdann lehnte 1200—1250 eine ganze Reihe von Engländern das Römische Recht ab[3]. Unseres Verfassers Widerstand gegen das Kaiserrecht ist, obwohl einem Papste in den Mund gelegt, ganz unkirchlich, da nur die Bibel, nicht Canon oder Concil oder Decret empfohlen wird. Er stützt sich aber um so deutlicher auf verfassungsmässiges Mitwirken des Reichstags: *Per consilium regni sume legem*. Im nächsten Menschenalter nach unserem Verfasser lehnte dann Montfort's Wortführer, zu Gunsten der Parlaments-Macht, Justinian's Absolutie-System ausdrücklich ab. Ist nun unserem Londoner eine Bezugnahme auf Justinians Institutionen zuzutrauen? Vielleicht. Denn im Capitel, das er dem Eleutherbrief voranschickt, verlangt er vom König eine Regierung *per indicium procerum*. *Debet enim ius magis regnare quam voluntas; lex est quod ius facit, voluntas non est ius.* — Möglich auch, dass der Londoner, der das alte Recht seiner Heimat so hoch verehrte, ungern die Legisten sich über den Kopf wachsen sah und mit Schrecken ahnte, wie Bratton's Römische Theorie auch das Englische Privatrecht dereinst in fremdes System zu zwängen versuchen würde. Ferner mochte der Gedanke, dass Grossbritannien ein eignes Kaiserreich[4] darstelle, den Insulaner abgeneigt machen gegen ein Recht als dessen Träger der Römische Kaiser galt. Gerade in einer Grossbritannischen Frage, in der Schottischen Erbfolge, entschieden Edwards I. Hofrichter: *deberet procedere per leges et consuetudines regni Anglie*, nicht *per leges imperiales, quia hic censetur imperator*[5].

---

1) Dial. de Scacc., Prol. 2) Vgl. Kingsford, Song of Lewes 132. 3) Vgl. Deutsche Zs. Gesch. Wiss. 7 E 75. 4) S. o. 2. 5) Comment. S. Albani bei Riley, Rishanger 254 und Mon. Germ. 28, 523.

Die ferneren Gedanken des Briefes berühren sich nahe mit den Ideen der übrigen Interpolationen des ECf, die ich, um dem Verfasser nicht in ermüdende Wiederholungen und bunte Unordnung zu folgen, hier systematisch zu ordnen um so eher versuchen darf, als der Leser des Verfassers Reihenfolge bei Lambard, Schmid und Riley vorfinden kann.

25, 6. Die literarischen Quellen dafür sind alle Theile seines eigenen Werkes, also Quadripartitus, Geographia Britanniae, III A Wilhelm, Edward Conf. retr., auch die erst später folgenden Genealogia Normanniae und Leges Henrici, unten 26. 31. So schreibt er ECf 32 B 2 — 7 einfach II Cnut 77—83[1] ab. Überall braucht er diese Stücke bereits in der von ihm selbst interpolirten Form. Daneben ist reichlich Galfrid von Monmouth benutzt, vereinzelt die Formel des Krönungseides, die Assisa armorum von 1181 und 32 A 13 zu Aethelred's Dänenmord vielleicht Huntingdon oder Florenz a. 1002, zu London's Vorrang Wilhelm Fitz Stephen.

25, 7. Unser Verfasser, und nur er, bietet eine Anzahl von Nachrichten über die Stammväter der Scoten und Picten „Scottus" und „Pictus[2]" und über Arthur. Mir scheinen sie alle seinem eigenen Hirn, angeregt von Galfrid von Monmouth, entsprungen. Zweifellos lässt er theilweise Arthur thun was er, und nur er, erträumte. Der Rest *kann* natürlich einem mir nur unbekannten Werke entstammen, das jedenfalls nach Galfrid, also 1140—1210, verfasst, mit der Geschichte ein ebenso kindisches Spiel getrieben hätte wie unser Verfasser. Ich glaube ja allerdings die Spur einer uns verlorenen Sagenquelle zu finden; s. o. p. 26. Aber bei einem Manne, der thatsächlich wenige Bücher las, vom Alterthum seiner Heimat auch nicht Eine richtige Kunde mündlich einzog und ebenso gewissenlos wie unwissend fälschte, möchte ich verlorene Quellen nicht ohne Noth annehmen.

---

1) Schmid 511 fehlt hinter 32 B 5 ein Satz, der gleich II Cnut 81 lautet.   2) ECf 35, 1 A 2, wo auch Galfr. I 16 benutzt ist. Ein *Pictus* bei Galfr. V 15.

25,8. Echte Sage meinte Freeman[1] über Ine aus ECf 32 C herauszuhören. Mindestens theilweise, höchst wahrscheinlich überall mit Unrecht. Jenem Chorführer Englischer Gesetzgeber erfundene Verordnungen anzuhängen, dieser Neigung fröhnt Verfasser schon oben (6f.). Die Einrichtungen, die er ihn hier treffen lässt, können nun einfach deshalb keiner frühen Sage entstammen, weil sie erst im 12. Jh. ins Leben traten oder erhofft wurden. Erstens nämlich soll Ine Monarch Britanniens gewesen sein, zweitens den Bretonen Bürgerrecht, den Niederdeutschen und „Guti" sogar Eidgenossenschaft[2] mit den Bürgern Englands verliehen, drittens das Connubium der Engländer mit Briten, Niederdeutschen und Schotten, sowie der zwei letzten unter einander, und viertens dadurch das Erstehen Eines Volkes in Britannien, das fortan England hiess, gefördert haben, endlich ein Ausbund von Tugend gewesen sein. Nun konnte vor der Zeit der Plantagenets Niemand jenes Fremdenrecht oder ein einheitliches Britannien unter der Krone England als uralte Einrichtungen hinstellen, da beide eben erst sich zu entwickeln begannen. Als Lieblingsideen unseres Verfassers lernten wir dagegen beide längst kennen. Er besass nicht etwa eine klare, wenn auch irrige, Vorstellung von solchen Thaten Ines; das folgt daraus, dass er (ECf 32 A 7) auch Arthur die Einung Britanniens und die Verwendung des Connubiums zuschreibt (32 E 2). Nur den Zukunftstraum eines frühreifen Politikers darf man in dem Connubium erblicken. Er hat scharfsinnig den staatsmännischen Gedanken erfasst, der wirklichen Ereignissen seiner Gegenwart und der (ihm nachweislich bekannten) Vergangenheit zu Grunde liegt. Er wusste, dass zu Anfang des 13. Jhs. Skandinaven und Franconormannen mit Angelsachsen zu einer Rasse vermischt in England lebten. Die Ursache, nämlich das Connubium, stempelte er zu einem Plane seines Helden. Weiter unten lässt er die Normannen durch Heirath mit Britischem Adel unter Arthur Englische Bürger werden (32 E 2,5). — Seit dem Ende des 11. Jhs. geht

---

1) Proc. Somersets. archl. soc. 1872, p. 58.   2) S. u. 25,13 f.

ferner das Englische Königshaus mit den Dynastien Schottlands, Wales', Deutschlands und Sachsens[1] Heirathen ein, die zu politischen Bündnissen führen und im Falle Schottlands und Wales' die Anglisirung vorbereiten. Viele Zeitgenossen unseres Verfassers verstehen den Sinn dieser Verbindungen so gut wie er. Er systematisirt nur was die Fürsten vereinzelt thaten zu einem Plane, der die höheren Volksclassen mit umfasst haben soll. Er erwähnt (u. 29, 1), wie Heinrich I. seine Dynastie durch die Ehe mit der Engländerin festigte. Aus eigener Erinnerung kannte er wohl die Heirath der Englischen Königstochter mit dem Herzog von Sachsen (1165), den Verlobungsplan ihres Sohnes Otto (IV.) mit der Erbtochter von Schottland (1195) und die Werbung um ihre Tochter durch den Schottenkönig (1184). Woher aber weiss unser Gelehrter, dass es gerade Ine gewesen, der ihm die eigene schöne Idee des Connubium vorwegnahm? Nicht aus alter Sage, sondern aus — einem Schnitzer. Die Worte *constituit rectum coniugium pro stabilitate populorum* sind wörtlich copirt aus Ine's Prolog im Quadripartitus, nur das letzte Wort pluralisirt unser Imperialist aus *populi*. *Coniugium* ist nichts als die fehlerhafte Übersetzung von *æw*, welches bei Ine *lex* bedeutete, aber in des Quadripartitus Zeit den Sinn *Ehe* allein beibehalten hatte.

Und die Characteristik Ine's? Entweder lagen über vier Englische Könige vom 7.—12. Jahrhundert ganz gleichlautende, uns verlorene „Sagen" vor, oder — sie ist das Erzeugniss der Londoner Schreibstube unter König Johann. Man vergleiche:

| Ine (Ed Cf. 32 C 8). | Wilhelm II. (Gen. Norm. 15). | Heinrich II. (u. 35). | Richard I. (u. 44). |
|---|---|---|---|
| Erat enim optimus, largus, sapiens, prudens, moderatus, strenuus, iustus, animosus, bellicosus pro loco et tempore. | Erat enim miles strenuus, probus, animosus, bellicosus, largus. | Fuitque miles strenuus, sapiens, prudens, animosus, bellicosus pro loco et tempore. | Erat enim strenuus, miles optimus, bellicosus, animosus, probus, largus, sapiens, prudens, moderatus. |

17) S. o. 6; unten 29, 1.

Ine soll nun nach unserem Verfasser mit seiner zweiten Frau Wala das nach ihr Wales genannte Cambrien, Cornwall und die zuletzt Cadwalladr gehörige Krone Britanniens erheirathet haben. Mit Ine begann damals manch anderes Geschichtsbuch[1] die Reihe der Englischen Monarchen. Dass Cambrien nach Königin Guales Wales hiess, dass Ini Cadwaladr folgte, kommt aus Galfrid XII 19, der Ini im selben Capitel erwähnt. Der einzige eigenthümliche Rest, die Heirathsverbindung, war keine zu schwere Combination für unseren Verfasser, ohne dass er über Ine's Keltische Verwandtschaft oder Regentenverdienst besondere Sagen gekannt zu haben braucht. Wala musste die zweite Frau Ine's sein, da der Londoner in seiner Quelle las, dass die wirkliche Königin anders hiess.

25, 9. Oft, und bisweilen mit Absicht, lässt uns der Verfasser, wenn er über die Vergangenheit gesprochen hat, im Dunkeln, von welchem Punkt an er von der Gegenwart, ja von dem sein Sollenden handelt. Ohne Absatz schweift er bisweilen zur Geographie und Historie ab, selten nur um mit Gelehrsamkeit zu prunken, meist um sein politisches Programm historisch zu begründen.

25, 10. Die ganze Insel Britannien gehört Einer Krone, der Englands. Der Staat England und das Reich Britannien sind identisch; alle *gentes et populi* Britanniens (auch Walliser, Schotten und Bewohner der umliegenden Inseln bis Skandinavien hin) seine Unterthanen[2]; Nordschottland (Orkney) und das Reich Man gehören zu seiner Denalagu[3]. Die Titel des Königs und der Königin von Schottland ändert Verf. ECf 35, 1[4] in „Princeps (domina) Albanie". Den Brief Eleuthers[5], den er selbst erfindet, citirt er als Gewähr für diese Grenzbestimmung, doch ohne dem Papste eine Oberherrschaft einzuräumen.

25, 11. Arthur's[6] Reich lässt er noch unendlich weiter ausgreifen. Die Chansons de geste sind nicht spurlos an ihm

---

1) Rad. Niger, Mon. Germ. 27, 339: *Ine primus totius Anglie rex fuit*. Vgl. o. 4. 2) ECf 11, 1 A 3; 32 A 5; B 7; 33; „Albania pars monarchie huius Britannie" Riley 615. 3) ECf 33; s. o. p. 6. 24 f. 4) Vgl. u. 29, 2. 5) ECf 11, 1 A 5; s. o. 25, 5. 6) S. o. 15.

vorübergegangen. In ihrem Stile nennt er die Heiden, welche Arthur aus Britannien vertrieb, Saracenen[1] und hängt Arthur die Einführung eines jährlichen Treueides aller Freien für den König an, die er noch eben[2] Wilhelm I. zugeschrieben hatte. So dichtet er denn Galfrid's Stoff weiter. Nicht mit Galfrid's Fabeln[3] zufrieden, dass der Held „Norwcia, Islandia, Hibernia, Gutlandia, Dacia" erobert habe, giebt er ihm (32 E) ein ganzes Bündel beherrschter Länder im Nordosten mit, nämlich Grönland[4], Schweden, Samland, Kurland, Finland, Wirland, Estland, Karelien, Lapland und die Inseln bis Russland, ferner *Wynclandiam et Roe*, d. i. Wendenland[5] und Rügen, oder nach Prof. Höhlbaum[6] „Semgallen (an der *Viena* – Düna) und Runoe oder Rogö". Mehrere der obigen Namen sind nicht früher in Englischem Munde nachweisbar. Unser Verfasser erfuhr sie wohl durch seefahrende Kaufleute (nach Höhlbaum durch Skandinaven und Norddeutsche), ebenso wie die Kunde von Norwegens Bodenbeschaffenheit. London's Handel mit Russland und Norwegen bezeugt damals Wilhelm Fitz Stephen 13. Zwar kommt unser Verfasser auf jene Baltischen Länder nirgends zurück. Den Nationalhelden und Englands Waffen zu verherrlichen, vielleicht auch mit Gelehrsamkeit zu prunken, scheint doch nicht der einzige Zweck dieser Erfindungen. Auch sie verrathen, dass der Verfasser warmen Antheil nahm an Englands auswärtigem Handel. „Die Fernhaltung der Engländer aus der Ostsee war Hansische Politik[7]." Ihr scheint er sich zu widersetzen.

25, 12. Sicher sind es wirkliche Zustände und praktische Bestrebungen, die der Verfasser begründen will mit seinen Lügen über Arthur's Annexion von Norwegen; ECf 32 E 1. Erstens nämlich bildet diese gleichsam nur die Fortsetzung zu

---

1) Ebenso Vie de s. Auban; Mon. Germ. 28, 99; vgl. Michel, Benoît de S. More III 853.   2) III W12.   3) IX 12 schon oben in 2 benutzt.   4) S. o. Vorwort.   5) So bei Wil. Cantuar. um 1177; Mon. Germ. 27, 11 f.   6) Diese Ansicht (in freundl. Briefe) fusst auf Anordnung der Namen, welche aber schwerlich viel beweist, da eine klare Vorstellung dem Verfasser fehlt. *Scancia* erklärt er selber als *modo Norwcia*.   7) Schanz, Engl. Handelspolitik I 172. Vgl. o. p. 12.

der damals doch auch nur erträumten Herrschaft der Englischen
Krone über alle Inseln des Nordwestens bis Norwegen hin,
von welcher unser Verfasser so oft redet[1]. Ein Traum, den
nur ein politisch begabter Prophet erschauen konnte: nothwendig begreift er ja die Stütze der späteren Grossmacht, die
Seeherrschaft, in sich, wenn auch freilich der Verfasser, der
ja nirgends seine Ideen logisch zu Ende denkt, kein Wort von
einer Flotte sagt. Zweitens gaben Erfolge, die England unter
Johann über das Norwegische Reich der Inseln davontrug und
die ihn berechtigten, Man der Englischen Krone unterzuordnen
(s. o. p. 5), vielleicht den Anlass, Galfrid's Fabeln über die Eroberung des Norwegischen Mutterlandes durch Arthur weiter
auszuspinnen. Drittens aber wollte der Verfasser eine der
Nationaleitelkeit gefälligere Begründung finden als die sonst
von ihm selbst gegebene für die Thatsache, dass „Norwegienses
terras multas et insulas regni huius detinent occupatas, modo
per coniugia sicut coniurati fratres nostri", — Wendungen
übrigens, denen wir im Bericht vom Anglo-Britischen Connubium, von der Eidbrüderschaft aller Bewohner Britanniens,
wieder und wieder begegnen. Arthur, so fabulirt er, liess die
wilden Norweger taufen und Britinnen heirathen, ferner vom
Papste[2] Norwegen, das er Britannien's Kammer[3] nannte, der
Britischen Krone für die Dauer bestätigen. (Zu diesen drei
Lügen vermuthet man die Vorbilder erstens in dem wirklichen
Antheil der Englischen Kirche an der Christianisirung des
Nordens, zweitens in der Anglo-Nordischen Rassenvermischung
und drittens in Hadrian's IV. Genehmigung[4] der Anglonorman-
nischen Eroberung Irlands.) Kraft Annexion und Blutsver-
wandtschaft fühlten sich nun die Norweger berechtigt zur
Einwanderung in Britannien; zum Recht kam die Lust, da

---

1) Auch ECf 11, 1 A 3.   2) Wenn, was durchaus nicht nöthig anzunehmen, der Satz damit zusammenhängt, dass 1219 Reginald von Man sein
Reich vom Papste zu Lehn nahm, so wäre dies ein Nachtrag des Verfassers,
wie ich einen solchen allerdings unten 48 wahrscheinlich machen werde.
3) Vgl. Chanson de Roland 2332: *Jo cunquis Guales, Escoce, Islande e
Engleterre, que il teneit sa cambre.*   4) Er erwähnt sie unten 35, 2.

'Norwegen bergig und nur stellenweise des Ackerbaues[1] fähig ist, während in England alles wächst'. Daher die blutigen Kriege zwischen Engländern und Norwegern. (Letzteren sollen alle Völker Britanniens vereint widerstanden haben (32 C 7): etwa das Gegentheil der Wahrheit, erfunden der angeblichen Einheit Britanniens zu Liebe.) So hat es Verfasser fertig gebracht, den Nordischen Sieg zu begründen auf ein angebliches früheres Übergewicht Englands, ja ihn überhaupt nicht einmal offen ausgesprochen. Und vollends verwischt er Englands Demüthigung durch die letzte Lüge, dass Eadward der Bekenner mit seinem Reichstage des Friedens willen den Nordischen Abkömmlingen ihren Besitz bestätigte. „Modo debent nobiscum cohabitare sicut coniurati fratres et cives regni." Nicht ohne Absicht braucht er für dieses angebliche Wohnrecht der Wikinger nur dieselben Ausdrücke wie für das Fremdenrecht der Guti und Sachsen (von welchem wir weiter unten 25, 14 hören werden): die Freiwilligkeit des Englischen Zugeständnisses soll dadurch um so mehr einleuchten. Der Londoner vermischt also die Begriffe erobernder Besiedlung und des zeitweise zum Handelszweck erbetenen Aufenthalts. Den Anlass dazu bot vielleicht wiederum das Privileg der Kaufleute: Dänen und Norweger durften in London sich aufhalten, und erstere alle Englischen Märkte besuchen. Dies Vorrecht trug man eben zur selben Zeit da der Verfasser schrieb in die Statuten der Gildhalle ein[2].

Eine solche Lüge vom Ursprung der Nordischen Besiedlung Britischer Länder widerspricht nun offenbar der obigen Fabel 17. Und dennoch wiederholt unser Londoner anstandslos auch diese letztere in seinen Interpolationen zu ECf 13, 1 A. Neben dem dort als Verschleuderer Britischen Kronguts an Skandinaven genannten Cnut führt er jedoch hier auch dessen Vater und Söhne, daneben Lachman von Schweden und Olaf von Norwegen

---

1) Zur Ausfuhr Englischen Getreides nach Norwegen vgl. Rot. chartar. tp. Joh. 60 b. 110 b. 2) Ai f. 100 v; später Liber custum. bei Höhlbaum, Hans. Urkb. III p. 392.

an; letztere zwei Namen entnimmt er ECf 34, 2d; e und Genealogia I. Ferner besteht ein Gegensatz zum Arthur-Capitel (o. p. 49) in der Stellung zu den Skandinaven-Besitzungen, die der Verfasser in ECf 13, 1 A Eadward dem Bekenner und der künftigen Englischen Politik zuweist. Dort nämlich hörten wir von friedlicher Anerkennung und Rassenvermischung, die zur Eidbrüderschaft geführt habe. Hier dagegen heisst es[1]: 'Alienationes in irritum revocari debent; ita fecit Edwardus in quantum potuit'. Man versuche nicht, solchen Widerspruch zu versöhnen durch die Annahme, das eine Mal, wenn Verfasser die Skandinaven in Ruhe lassen will, meine er die Englische Denalagu, das andere Mal, wenn er sie als unberechtigte Eindringlinge vertreiben will, die Nordleute Nordschottlands und des Inselreichs, sowie die (nur angeblich) durch Nordischen Einfluss von England unabhängigen Gebiete Britanniens. Vergeblicher Versuch! Dort versteht er unter gesetzlich bestätigter Denalagu auch Caithness, Moray, Orkney, Inchgall, Man[2]; hier zählt er unter den von fremden Königen an Fremde verliehenen, also wieder einzufordernden, Landschaften auf: Huntingdon, Westmoreland, Cumberland, Northumberland, Norfolk, Suffolk. Unserem Londoner fehlt neben Kritik und Wahrheitsliebe auch Logik. Nur Eines darf man aus den beiden widersprechenden Versionen schliessen: der Verfasser rechnete sich nicht zur Denalagu oder zu den Nachkommen der Wikinger.

25, 13. Bevor 1206 die Normandie an Frankreich fiel, verkehrten Nordfranzosen in England, besonders in London, überaus häufig. Wenn unter den Fremden aus Gallischen Territorien der Plantagenets, die unser Londoner frei in Britannien sich bewegen lassen will, nur der Bretonen[3] Erwähnung[4] geschieht, so ist dies einer der Beweise für die Abfassung seines Werkes nach 1206. Nun herrschten damals in England überall in Staat, Kirche und Gesellschaft Classen, deren Namen und Sprache

---

1) Zur Erklärung s. u. 25, 15.  2) ECf 33 A; es fehlt hier *Albania*, gegen oben 2.  3) ECf 32 C.  4) Über die Nicht-Erwähnung der Flandrer unter den fremden Kaufleuten s. o. p. 12 Anm. 5.

Normannische Abkunft oder Verwandtschaft verriethen. Londons
angesehenste Bürger zählten ebenfalls dazu. Diese Thatsache
lag unserem Verfasser, der Wilhelms des Eroberers so oft erwähnt, zweifellos vor Augen. Und doch gedenkt er der *Nor-
manni* als eines besonderen Volkes in Britannien nur einmal.
(Er ändert nämlich 32 D 6 Galfrid's *quinque inhabitabatur po-
pulis: Romanis* in *Normannis*.) Da er nun, wie wir sahen,
die Skandinavischen Einwanderer noch für seine Gegenwart
trotz Rassenvermischung von den Engländern unterscheidet, die
Normannen aber so gut wie nie, so ist dies erstens sicher ein
Argument für das, ja auch sonst nachweisbare, vollkommene
Aufgehen der überall, aber nirgends geschlossen, angesiedelten
Normannen in das Englische Volk; und zweitens folgt daraus
auch, dass unser Verfasser sich selbst nicht etwa in einem
Rassen-Gegensatz zu den Normannen fühlte. Möglicher Weise,
aber nicht sicher, war er selbst ihnen blutsverwandt. Dass er
Französisch sprach, ist bei einem rechtsgelehrten schriftstellern-
den Londoner um 1210 von selbst anzunehmen[1], würde aber
für die Abstammung nichts beweisen, auch wenn es aus seinem
Stile belegbar wäre. Dies ist nicht der Fall: in seinem Latein
ist zwar die damals allgemeine Anglonormannische Färbung
deutlich, eine auffallend stark Französische aber kaum zu finden[2].

Jene Bretonen will er 'sicut probi cives' beschützt wissen,
da sie einst aus Britannien auswanderten — dies eine ihm
aus Galfrid XII 15 f. bekannte Thatsache. Wenn hier ein wirkliches allgemeines Vorrecht der Bretonen und nicht wieder
entweder ein Localbrauch oder bloss eine gelehrte Erfindung
unseres Verfassers vorliegt, so hatte es gewiss eine besondere
Ursache in Englands auswärtiger Politik, jedoch kaum in der
Freundschaft der Herzöge Wido (1207) und Peter mit England:
jene dauerte zu kurz, diese fiel wohl zu spät, um von unserem
Verfasser gemeint zu sein.

---

1) S. die Französ. Stücke in Ai unten 46.   2) *gentes* in der Bedeutung 'Leute' schaltet er hinter *homines* (Vasallen) CHn I, 7 ein; ebenso
oben p. 41.

Dennoch stellt er die Bretonen den Nordleuten in Britannien nicht gleich: Landbesiedlung, Connubium und Eidbrüderschaft mit den Engländern legt er ihnen nicht bei. Nur *cum venerint*, also doch nur als Fremde, geniessen die Bretonen Schutz.

25, 14. Dagegen „Guti et Saxones¹ Germanie, cum veniunt, debent protegi sicut coniurati fratres et cives regni"; ECf 32 C 1. 'Guti' heisst hier entweder Jüten² und Dänen: die Dänischen Kaufleute genossen im 12. Jh. das weiteste Recht, Gleichstellung mit den Londonern³. Oder aber unter den Guti sind die Deutschen Kaufleute auf Gotland gemeint, die 1237 privilegirt wurden⁴. Ebenso entspricht die Bevorzugung der Norddeutschen Händler dem wirklichen Fremdenrecht⁵, wie es im Englischen Handelsverkehr, namentlich während des politischen Bündnisses mit Otto IV.⁶, galt und in der Kölner Gildhalle zu London vor Augen lag. Unser Verfasser begründet das Vorrecht der Sachsen durch deren und der Engländer gemeinsame Abstammung von *Angli de Engra*. Die Deutsche Stammverwandtschaft und Beda's Nachricht über die Altsachsen führte damals jeder Engländer ins Feld, sobald die Politik England rieth, sich einer Deutschen Macht günstig zu erweisen. Unseren Antiquar veranlasst aber im Besonderen seine Abneigung gegen das absolute Königthum, dem Englischen Alterthum das Deutsche anzunähern, um so für seine Heimath als altes Recht hinzustellen die republicanische Einrichtung, von der er bei Beda las, und die Libertät der Deutschen Localgewalten, von der er durch festländische Kaufleute

---

1) Der Satz fehlt Ld. Schmid. 2) Verfasser scheint auch auf sie die Stammesverwandtschaft mit den Engländern zu beziehen und schied jedenfalls nicht zwischen Beda's Deutschen Jüten und den Dänischen des 13. Jhs. 3) Höhlbaum, Hans. Urkb. III 389. 4) Ebd. I n. 283. 5) Im 11. Jh. *Homines imperatoris bonarum legum digni tenebantur sicut et nos;* Höhlbaum III p. 381. 389. Um 1157 behandelt Heinrich II. *Colonienses sicut homines meos proprios;* I p. 8. 16. Richard I. nennt sie *nostros;* p. 22. 6) Johann's Privilegien unter Voraussetzung der Unterstützung Otto's bei Höhlbaum n. 59. 63. 69; für Bremer als Otto's Leute n. 110.

hörte. Während ihm Englands Politik und Wirthschaft nach aussen hin stets vom Königthum geführt erschienen — im ganzen mit Recht —, erblickte er hinter dem Deutschen Handel nirgends mehr die kaiserliche Politik (die doch 1157 noch dafür gewirkt hatte) oder den Schutz des Reiches.

Nur um diesem Fremdenrecht das Ansehen hohen Alters zu erschleichen, erfindet er, dass Ine es eingeführt habe; s. o. 25, 8.

25, 15. „Populos Britannie in unum congregare[1]", die Grossbritannische Politik, ist erste Königspflicht, wie sie der Krönungseid ausspricht. Demgemäss habe der „letzte" Eadward[2] verschleudertes Krongut wieder möglichst herbeigebracht[3]. Vom 'letzten' König Edward sprach ein Londoner schwerlich mehr, seitdem 1239 wieder der Thronfolger den Vornamen trug. In ECf 34, 2c mag *ultimus* nur abgeschrieben sein; aber unten 29, 2 wiederholt es Verfasser in seiner eigenen Rede[4]. [Co erkannte hundert Jahre später, dass das Beiwort inzwischen zweideutig geworden war, und setzte hinzu: *id est sanctus* ECf 34, 2 e.]

25, 16. Das angeblich vom Bekenner geschworene *Sacramentum* enthielt also nach unserem Verfasser[5] die Pflicht, *iura, dignitates, terras*, welche Vorgänger *a corona regni alienaverunt et dilapidaverunt, revocare in pristinum statum*. An einer anderen Stelle[6] giebt er als Königspflicht und Inhalt des Krönungseides an:

1) „terras et honores, dignitates et iura et libertates corone regni cum omni integritate sine diminutione observare; dispersa, dilapidata, amissa in pristinum statum viribus omnibus revocare". Dieser Satz stand nicht in den Krönungseiden des 10. bis 12. Jhs.[7], entspricht aber Wort für Wort jenem uns nur

1) ECf 11, 1 B 4.   2) 'Euer Vetter' heisst der Bekenner, weil Wilhelm I. angeredet wird, aus III A Wil. 4.   3) ECf 11, 1 A 2; 34, 2 e. Über Veranlassung der Nachricht s. o. 17.   4) Über die in ECf 35, 1 A eingeschobene Königsgeschichte s. u. 26, da sie von der Genealogia Normannica abhangt.   5) ECf 13, 1 A.   6) ECf 11, 1 A 2  9.   7) Nach Radulf de Diceto wurde 1189 nur dieselbe dreifache Pflicht wie seit Aethelred II. beschworen.

in spätem Französisch überlieferten Text, den Stubbs[1] möglicher Weise für Edwards I. Krönungseid hält. Unser Verfasser datirt also wieder einmal eine Forderung des 13. Jhs. in die Vergangenheit hinauf.

2) Die Pflicht des Kirchenschutzes, die schon im frühesten Krönungseide stand, drückt Verfasser in seinem eigenen Stile aus.

3) „Iudicium rectum facere et iustitiam per consilium procerum regni tenere." Die letzten Worte entsprechen der Absicht unseres Verfassers, oder vielmehr der constitutionellen Partei, das Königthum an die Mitwirkung des Magnum consilium[2] zu binden; die ersten Ausdrücke sind denen Richard's und jenes Französischen Textes nur ähnlich.

4) „Bonas leges et consuetudines approbatas erigere, pravas delere omnino." Das entspricht jener Französischen Form: *grauntera les leyes e custumes du royalme et les malvoys de tout oustera*. Dazwischen aber bestimmt diese den Antheil des Volks an der Gesetzgebung wie ihn unser Verfasser noch nicht ahnte: die zu haltenden Gesetze seien die *que les gentes de people averont faitz*. (Und seit 1308 schwört der König die Gesetze zu halten *les quiels la communaute de vostre roiaume aura esleu*.) In diesem Punkte also steht der Krönungseid, den Verfasser benutzt, zwar auch auf späterer Entwicklungsstufe als der Richard's I., lautet aber archaischer als der Edward'sche.

Die übrigen Ermahnungen an den König zu persönlicher Moralität, die Warnung vor *luxuria et avaritia*, an sich farblos, mochten unter Johann anzüglichen Sinn haben. Die stärksten Ausdrücke gegen des Königs *iniquitas et insanitas* legt der Londoner dem Papste Eleuther in den Mund.

25, 17. Der König soll 'omnia facere in regno per iudicium procerum'. Als einzelne Zweige der Regierung, in denen er ans Commune consilium gebunden sei, nennt unser Werk

---

1) Constit. hist. II 105. 2) Schon der Zusatz zu Aethelreds II. Eide, vom 11. Jh., fordert, dass der König *ealde, wise, syfre him to getheahterum haebbe*; Memor. of Dunstan ed. Stubbs 357.

oben die Besteuerung, hier die Gesetzgebung und Rechtspflege[1]. Als Mitglieder des 'Consilium regni' bezeichnet es stets 'proceres (principes, optimates, sapientes seniores[2])'. Nur wo vom republicanischen Folcesmot die Rede ist, erscheinen 'omnes communae, populi, qui consistunt in regno universi' zum Commune consilium[3]; Etymologie oder Londoner Brauch verführte den Verfasser da zu einer in sich unmöglichen Angabe, die also nicht einmal sein durchdachtes Programm, geschweige denn etwas Wirkliches wiedergiebt[4].

25, 18. Die Interpolationen über Adel und Beamte sind theils anderswoher abgeschrieben[5], theils gelehrt combinirt, theils parteilich erfunden.

Nach unseres Verfassers[6] falschem System hiessen „comites, vicecomites[7], comitatus, aldermanni apud Britones: consules, viceconsules, consulatus, senatores". Er verwirrt nur vorgefundene Fäden: ECf retr. 32, 3 erklärt *Alderman: quasi seniores propter sapientiam* und identificirt *consul* mit *comes* 32, 2. Wilhelm Fitz Stephen meldet: *Londonia similiter Romae habet annuos pro consulibus vicecomites, senatoriam dignitatem* (d. h. Aldermen). Auch die Neigung, dem Britischen Alterthume Einrichtungen unbekannten Ursprungs aufzubürden, rügten wir bereits. Unser Londoner weiss nicht mehr, dass der Ealdorman der Angelsachsen an der Spitze der Grafschaft gestanden und das königliche Heer befehligt hatte. Einen *Senator* grauer Urzeit hält er vielmehr für den Vorgänger des städtischen Alderman im 13. Jh. Als ordentlichen Grafschaftsbeamten kennt er nur noch den Sheriff seiner Gegenwart.

Für die Vorzeit erfindet er eine eigenthümliche Fabel vom *Heretochius*[8], den er bald dem Marschall und Connétable des 13. Jhs. gleich stellt, wohl von der Etymologie verführt, bald

---

1) 24b 5; 25, 5; 25, 16 u. 3. Die Ansiedlung der Nordleute erlaubt Eadward *per commune consilium totius regni*; ECf 32 E 6.   2) ECf 32 B 13.   3) ECf 32 A 5.   4) S. u. 25, 19.   5) *Comites tertium denarium super forisfacturas habent* (ECf 12, 10 A) stammt aus ECf 27.   6) ECf 32 A.   7) K 2 überspringt den Satz.   8) S. o. p. 17; ECf 32 B 2.

zum königlichen Commandanten je einer Grafschaft macht. Er reitet auf diesem Steckenpferde wo er nur kann herum. Sein Capitel *De heretochiis* wurde, vielleicht dank republicanischer und Londoner Tendenz der Fälschung, so populär, dass in der Gildhalle im 15. Jh. ein Band *Liber de heretochiis*[1] hiess. Schwerlich Angelsächsischen Quellen entnahm er das Wort *heretoga*, denn in diesen hätte er ja meist den Ealdorman als königlichen Heerführer gefunden. Vielleicht aus Niederdeutschem Munde hörte er *dux* als *hertoch* übersetzt, wenn Pfalzgraf Heinrich den König Johann besuchte und *dux Saxonie* betitelt wurde. (Ähnlich hatte der Autor des Edward Confessor 32 behufs [verunglückter] Erklärung des *Gerefa* sich über den *Meregrave* der Friesen und Flandrer erkundigt.) Dass die Angelsächsischen Heerführer erwählt wurden[2], könnte ein Missverständnis aus Bedas Bericht über die Festlandsachsen sein: *Antiqui Saxones tempore belli ducem sequuntur;* V 10. Oder schon hinter diesem Irrthum steckt republicanische Tendenz, wie jedesfalls hinter dem Zusatze: *sicut et vicecomites eligi debent* durch das Grafschafts-Folcesmot. Das kleinere Recht, *vicecomitem de se ipsis* vom Könige zu erhalten, kauften *homines de Cornubia* 1209 der Krone ab[3]; aber erst 1258/9 rang ihr die Opposition zeitweise die Sheriffswahl für jede Shireversammlung ab[4]. Was unser Verfasser fordert war also Zukunftsprogramm für England. Doch brauchte er dazu nur Londoner Freiheit zu verallgemeinern: schon Heinrich I. hatte der Hauptstadt die Sheriffswahl[5] verbrieft, und Johann gewährte sie aufs neue.

25, 19. Auch die Sätze vom Folkesmot dehnen Londoner Gewohnheitsrecht oder Wünsche des 13. Jhs. über ganz England

---

1) Riley I, xvij.   2) Vielleicht folgert Verf. diese Wählbarkeit aus uns unbekannten Londoner Ereignissen (wie die der Sheriffs aus bekannten). Denn späterhin wenigstens, 1264, *Londonienses fecerunt de se ipsis constabularium et marescallum;* Lib. ant. leg. p. 61.   3) Madox, Hist. Exchequer 283.   4) Stubbs, Constit. hist. II 207 hielt daher diesen Artikel für eine Einschmuggelung durch Juristen Edwards I.   5) Sie geschah 1244 *apud Gildhall;* Lib. ant. leg. 10.

und graues Alterthum aus; ECf 32 A 3. Das Folcesmot, welches Verfasser in Charta Henrici I. Londoniensis[1] vorfand, berufen nach ihm die Aldermen durch *Motbelle* (Sammelglocke). Für London berichtet Ralf de Diceto 1191: *S. Pauli*[2] *campana populum solet ad conveniendum urgere*. 1264 berief *magna cloca S. Pauli*[3] die Bürger zur Stadtmiliz. Und noch das 14. Jh. kannte *campanam, per cuius pulsationem populus convenie[bat] ad folkmot*[4]. Wie aber diese für London oft benutzte Glocke bei plötzlichem Anlass, bei Gefahr für Staat und Kirche *communas universas populorum et gentium omnium in regno* zu berufen vermag, bleibt ein Geheimniss der Akustik des Verfassers. Er fährt fort: 'Per commune consilium providere debent ad utilitatem regni'. Kein Wort von dem Vorsitz eines Staatsbeamten, oder des Bischofs, geschweige des Königs. Eine rein republicanische Volksversammlung, offenbar nach Londoner Muster gedacht, entscheidet über das höchste Staatsinteresse: in des Londoners Phantasie, gewiss nicht im England des 13. Jhs.

Zweitens redet[5] Verfasser von einem halbjährlichen Folcesmot, am 1. Mai und 1. October. Am 1. Mai schwören *omnes populi, principes, comites, milites, liberi universi coram episcopis:* a) Eidbrüderschaft zur Landesvertheidigung und Erhaltung des Kronbesitzes; b) *facere debent fidelitatem regi intra et extra Britanniam*. Also auch hier erscheint zwar die Reichsversammlung, beräth und beschliesst aber nicht. Dagegen das October-Folcesmot ist ein Grafschaftstag, der Sheriffs und 'Heretochii' wählt und Provincialverordnungen erlässt.

Woher stammt dieser Curiositätenkram? Für die Periodicität des Folcesmot steht die Quelle gleich hinter jenen Sätzen: *Debet sciremot bis in anno congregari*, d. i. ein Stück der

---

1) S; daraus Lib. civit. 5.   2) *Cives* versammeln sich neben *barones in atrio S. Pauli:* G. Henr. II 213.   3) Lib. ant. leg. p. 61.   4) Lib. custum. II LXXX. cvij. 313. Über *Folkesmot in cimiterio ad crucem S. Pauli*, wo *civitatis universitas (populus)* 1253—1312 zusammenkommt, s. Lib. ant. leg. p. 19. 35. 37. 42. 46. 153. 245. Eine Monographie über das Paulskreuz citirt Deutsche Zschr. Gesch. 8 E 196.   5) ECf 32 A 5; B 8.

Leges Henrici 7,4. Zur Zeile die diesem kurz vorhergeht
[Ad] comitatuum placita intersint episcopi, comites, vicedomini
(7, 1: 2) wird Verfasser seine 'Heretochii' ebenfalls einschwärzen.
— Zuwiderhandelnden droht er *super plenam witam et drincelen*¹, also mit demselben Schnitzer, den er uns in Pseudo-
Aelfred oben p. 17 aufbinden wollte. — Wieso aber identificirt
er Reichsversammlung und Grafschaftstag? Dass manche klein-
staatliche Volksversammlung zum Sciregemot herabgesunken war,
wusste er schwerlich. Vielmehr aus der Etymologie folgerte
er wohl, *folc* bedeute eigentlich die Gesammtheit der Staatsbürger, nicht bloss der Städter. Und wirklich reichte die Bedeutung der Londoner Volksstimme bisweilen über ganz Britannien: unter Stephan entschied sie über die Krone, ihr Zuruf
gehörte zur Form der Königswahl, und neue Regierungen
wurden im Londoner Folcesmot angekündigt und scheinbar
bestätigt². Gemäss solchen Erinnerungen liess Verfasser vom
Reichstage seiner Phantasie den König fort. — Da aber über
London wie über den Grafschaften Sheriffs standen, parallelisirte
er für frühere Normannische Zeit übrigens im Ganzen
richtig³ — das Londoner Folcesmot zugleich auch mit dem
Grafschaftstage. — Den Octobertermin abstrahirte er vielleicht
aus der Londoner Sheriffswahl um Michaelis⁴. — Die Berufung
(und also Leitung) des Folcesmot durch Aldermen entsprach
nicht der Wirklichkeit⁵. Seine Behauptung entspringt entweder
dem Wunsche seiner Partei oder einem blossen literarischen
Schnitzer. Er las nämlich in II Cnut 18, dass das Sciregemot
unter dem Ealdorman getagt hatte, und mochte diesen mit dem
städtischen Alderman um 1200 irrig identificiren. Letzterer
sass allerdings einer Versammlung in London vor, nämlich dem
Wardmot. Dieses aber vermengte unser Verfasser noch nicht⁶,
wie ein späterer Londoner Antiquar⁷, mit dem Folcesmot. —
Den Eid des Volkes dichtete er zusammen aus dem Treu- und

---

1) ECf 32 B 10.   2) So 1191; vgl. Abschied des verreisenden Königs
1212; Treueid für Regenten 1253.   3) Vgl. Round, Mandeville 357.
4) A. 1241: 26. Sept.; Lib. ant. leg. 10.   5) Die Sheriffs berufen Folcesmot
1258; Lib. ant. leg. 35.   6) S. u. 31, 2c.   7) Lib. albus p. 36.

Friedenschwur der Grafschaft, wie er 1195, 1199, 1205 neu verordnet wurde, und dem gelegentlichen[1] Treueid im Londoner Folcesmot; die Worte aber schöpfte er theilweise aus Wilhelms I. zweitem Artikel. Diesen Unterthaneneid wandelte er um in eine Eidbrüderschaft: er schaute die Staatsverfassung durch die Brille des Städters an, in dessen täglichem Leben die Einrichtungen des öffentlichen Rechts und der beschworenen Genossenschaft sich unentwirrbar kreuzten.

Welch bunter Wust von Copie, Beobachtung, falscher Verbindung, irriger Vorstellung und bewusster Lüge! Kein Wort glaub ich dem Verfasser allein, auch nicht manchen übrig gebliebenen Zug, den ich nicht mehr als falsch nachzuweisen vermag. Und doch hat er die politische Wichtigkeit des Treueides, den alle Freien dem König unmittelbar leisten, richtig gefühlt. Sonst hätte er den Eid nicht hingestellt als eine Erfindung Arthurs, die diesem die Vertreibung der Heiden aus Britannien ermöglicht habe und nach langer Vergessenheit von Eadgar wieder belebt worden sei. Dass Eadgar in der Englischen Rechtsgeschichte Epoche machte, und sogar den wörtlichen Ausdruck dafür, schöpft unser Verfasser aus ECf 34, 2—4.

25, 20. Die Einrichtung der Waffenschau datirt er bis Eadgar, vielleicht bis Arthur hinauf, und zwar in bewusster Lüge. Denn er benutzt dafür wiederum die Assisa armorum von 1181, deren Sinn er bereits zwei anderen zu frühen Königen falsch beigelegt hat, und daneben seine eigene Ummodelung der Assisa in III A Wilhelm[2]. Die Assise gebot, Waffen zu halten, je nach Vermögen dem Erben zu hinterlassen und nicht ins Ausland zu verkaufen. Dem Londoner Brauche[3] gemäss verbindet der Verfasser die Waffenschau mit dem Folcesmot. Er fügt hinzu, scheinbar recht archaisch: Die Waffen des ohne Erben und Familie Verstorbenen empfange dessen Herr, die des Herrenlosen der 'Felag', und wenn auch der fehlt, der König. Ein blosser Flicken zum Aufputz, gestohlen

---

1) A. 1253; 1312; Liber ant. leg. 19. 215. Sonst wird er in den Wardimoten geleistet; so 1261; ebd. p. 16.   2) S. o. 21 b 3.   3) Lib. custum. 338.

von ECf 15,7 wo dieselbe Reihe der Empfänger eintritt, jedoch beim Mordrumgeld für einen erschlagenen Erbenlosen.

'An jedem 3. Februar zeige in [reichsunmittelbarer] Stadt und Hundertschaft (Wapentake) jeder selbst, oder im Behinderungsfalle durch einen Vertreter, die seinem Stande entsprechenden Waffen dem königlichen Beamten vor. Dies geschieht überall am selben Tage, um betrügerisches Ausleihen[2] der Waffen zu hindern; die Sheriffs, Aldermen, Hundertschafts-(Wapentake-)Vorsteher und übrigen Königsvögte haften dafür bei schwerer Strafe. Barone mit Immunität und Baronialgericht halten die Waffenschau über ihre Vasallen und haften dafür dem König. — Der eingeschobene Unsinn, dass auf dies Gesetz hin Aethelred II. an Einem Tage die Dänen [1002] umbringen liess[3], beweist keineswegs, dass hier überall blosse Phantasie des Autors vorliege. Vielmehr klingt die Sprache dieses Abschnittes so nüchtern verständig[4], und passt der Inhalt so gut zu den Einrichtungen um 1200, dass ich hier vermuthe, der Londoner benutzte eine echte Quelle oder erzählt wirklich Beobachtetes. Mindestens eine ähnliche Einrichtung muss angenommen werden. Jener Termin des 3. Februar aber galt wenigstens 1232 nicht, da am 14. August *cives Londoniarum monstraverunt se armatos bene paratos*[5].

25, 21. Von besonderer Wichtigkeit sind unseres Verfassers Nachrichten über Stadtverfassung und London. Wenn er nirgends den Mayor[6] erwähnt, so erklärt sich das daraus, dass das Bürgermeisteramt noch kein Menschenalter durchlebt hatte, er es also nicht als Angelsächsisch ausgeben konnte. Auch jährlicher Personen-Wechsel[7] im Sheriffamt, der 1229 und 1245

---

1) ECf 32 A 12.   2) Vgl. Pat. I 72a. 1207: *Si aliquis fraudulenter amoverit catalla sua* gegen die Einschätzung zum Dreizehnten.   3) Die Thatsache schöpfte Verf. aus Geneal. Norm. 2.   4) Vgl. Pat. a. 1205: *Si vicecomes, ballivus, praepositus illos qui se retraxerint* [vom Kriegsdienst] *non ostenderit, remanebit in misericordia nostra*.   5) Liber antiq. leg. 7.   6) Englischen Kaufleuten lag 1305 dieser Titel für den Vorsteher so nahe, dass der Herzog von Lothringen nur ihnen einen solchen zu wählen gestattete; Stein, Genossensch. zu Brügge 50.   7) Jährliche Neuwahl bestand längst; s. o. p. 55f.

durchgesetzt und zum Stadtrecht erhoben wurde, findet sich hier noch nicht. Vielmehr die Aldermen, die *juris periti*[1] sein sollen und den Sheriffs unterstehen, wie auf dem Lande die Hundred-(Wapentake-)Vorsteher, wahren Gesetz, Recht, Freiheit, Frieden und Consuetudines [Zoll?]. Sie berufen in Ausnahmefällen das Folcesmot[2]. Dass sie gewählt werden, wie das ein Menschenalter später, freilich noch nicht bei allen[3], geschah[4], sagt Verfasser nicht, obwohl er doch sonst nur zu oft die Wählbarkeit der Beamten behauptet. Offenbar übertreibt er die Wichtigkeit wie das Alter der Aldermen: eine Tendenz, der er öfter nachhängt[5].

*Communae* nennt er die Stadtgemeinden ECf 32 A 3, was für 1210 schon nicht mehr auffällt.

„Warde rite observentur et caute deinceps pro incendiis sibi illic [auf Folcesmot] provideant"; ECf 32 B 9. Dieser Satz scheint eine Spur von Londoner Ortsrecht zu bergen und zunächst an die Aldermen, die je einem Ward vorstanden, sich zu wenden, obwohl Londons nicht hier, sondern sieben Zeilen später Erwähnung geschieht. Man vergleiche die ähnliche Interpolation III A Wil 6, oben p. 34. 37.

Schon 1189[6] begünstigte eine Londoner Assise den Bau steinerner Brandmauern gegen die häufige Feuersgefahr. Die von 1212[7] verschärfte den Nachtwächterdienst und verpflichtete den Alderman zur Baupolizei über sein Ward sowie zu Löschvorrichtungen.

Die Rubrik ECf 38 ändert unser Verfasser in *De emptionibus sine fideiussoribus, quod Anglice dicitur festermannes.* 'Festerman' für 'Bürge, Gewährsmann' steht im Northumbrischen Priestergesetz 2, das unser Verfasser nicht kannte. Das 'Festigen' von Geschäften ist bei anderen Germanen[8] bekannt.

---

1) ECf 32 A.    2) S. o. p. 58.    3) Noch Liber albus p. 36 weiss: vor Edward II. *non erant amovibiles aldermanni ab officiis suis.*    4) Stubbs, Const. hist. III 568.    5) S. u. 31, 2e.    6) Liber antiq. leg. 210. 7) Turner, Domestic archit. I 282 (aus Ai, woraus Lib. custum. 87). Auch 1263 vollzieht das Ward die Nachtwache; Lib. ant. leg. 55.    8) Amira, in Paul's Grundriss German. Philol. II, 2, 165—170.

Und noch Neuenglisch heisst *fastner*: 'a warrant' und *fastening-penny*: 'Angeld'[1]. Hier schöpft unser Londoner einmal aus der lebendigen Verkehrssprache.

25,22. Über sein eigenes London bringt unser Verfasser, wie wir sahen, mehr als Eine Nachricht, ohne den Namen der Stadt zu nennen, gleich als spreche er von ganz Grossbritannien allgemein. Ausserdem sagt er Einiges ausdrücklich über London, was seinen Nachfolgern wichtig genug erschien, um es nochmals gesondert in den Liber albus[2] der Gildhalle einzutragen.

London[3] *fundata erat ad instar magne Troje.* Diese Fabel Galfrids von Monmouth (I 11; 17) notirten sich damals auch andere Londoner, wie Wilhelm Fitz Stephen und Radulf de Diceto I 36; II 223[4]. „Et usque in hodiernum diem leges, iura, libertates regiasque consuetudines[5] continet." Diese Behauptung ist wohl verwandt mit Satz 14 in Wilhelm Fitz Stephen's Beschreibung Londons: *Adhuc [Troianis] utuntur legibus et communibus institutis.* Nicht nur Wilhelm's ganze Beschreibung Londons[6], sondern auch dieser einzelne Paragraph aus ihm[7] wurde späterhin in Gildhallenbücher aufgenommen. Alle diese Lügen beabsichtigen wohl nur, die Communalfreiheit als besonders alt und ehrwürdig erscheinen zu lassen.

Auf dem Boden der Wirklichkeit beobachtet oder aus Heinrich's I. Londoner Freibrief (9) abgeschrieben, steht der Satz: *Debet Londoniis die Lune husting sedere.* Ein Beschluss eines solchen Gildhallen-Montags war die oben p. 61 citirte Assise von 1212.

Schon Wilhelm Fitz Stephen nannte *Londonia regni Anglorum sedes.* Seitdem erwuchs die Stadt immer mehr, während Winchester herabsank, zur Reichshauptstadt und Königsresidenz. Denn seit jeher zählt Westminster, obwohl durch offenes Land und rechtlich damals noch ganz von der City getrennt, zu

---

1) Halliwell, Dict. archaic and provincial. 2) ed. Riley I 497 f. 3) ECf 32 B 12. 4) Vgl. Jocelin de Brakelonda p. 56: *Dicebant Lundonienses, tempore quo Roma Lundonia[m] fundatam, caput regni.* 5) Als *Troiana consuetudo* giebt Galfr. Monm. III 1 die Primogenitur-Erbfolge König Belin's aus. 6) Lib. Custum. II 1. 7) Lib. Horne und Lib. albus 61.

London im weiteren Sinne. Während nun die Leges Henrici 87, 5 sagen: *Westsexa caput regni est et legum*, ändert das unser Verfasser[1], gemäss der Entwickelung des seitdem verflossenen Jahrhunderts und seinem Localpatriotismus entsprechend, hier in *Londonia caput regni est et legum*.

25, 23. Allein London [oder richtiger Westminster] besitzt noch einen Vorzug, den unser Londoner freilich, mit seiner gewohnten Redensart für jede ihm theure Einrichtung, als Gewohnheitsrecht der guten Väter und Vorgänger, der Fürsten und *sapientum seniorum (= witena?)* ausgiebt, der aber thatsächlich erst seit einem Menschenalter sich befestigt hatte: 'Londonia est semper curia domini regis; in qua semper[2] sint ardua compota et ambigua placita corone et curie regis, que consuetudines suas una semper inviolabilitate conservat, ubicumque ipse rex fuerit, sive in expeditione sive alibi, propter fatigationes popul[i]'; ECf 32 B 13. Also das Exchequer[3] und das centrale höchste Reichsgericht sitzen ständig zu Westminster; dort findet der Kläger sein Recht und braucht nicht mehr wie unter Heinrich II. dem häufig herumreisenden König nachzulaufen. Mit anerkennenswerthem Scharfblick erschaut der Verfasser auch den Erfolg dieses Systems, das die Justiz an einem Mittelpunkt örtlich sammelte und von des Königs Person unabhängig machte: nämlich die Einheit und Unwandelbarkeit des Rechts. Die Westminster-Halle für *Iudices legis* rechnet er auch unten 27 zu Wilhelm's II. Ruhme. Noch lange nach Johann gab es von dieser Ständigkeit der Rechtsprechung manche Ausnahme. Aber[4] in der Regel bestand seit 1204 ein Gericht *coram iusticiariis (regis) de banco (Westmonasterii)*, neben dem *coram rege ipso ubicumque fuerit in Anglia*, und wurde im folgenden Menschenalter für Common pleas allein zuständig. Diesen späteren Civilsenat meint unser Londoner, obwohl er

---

1) Im selben Sinne lässt er Henr. 34, 3 *in Wessex* aus.   2) So bessere Schmid 544 *supersunt*.   3) 1209 sass es zu Northampton und unter Edward I. mehrfach fern von London; Madox, Hist. Exchequer 130. 552; Hall, Antiq. of Exch. 75.   4) Vgl. Maitland, Select pleas of the crown, Einl.

nur von *placita coronae*, d. h. wesentlich Strafprocessen spricht. Er verkündet damit wiederum ein Programm der Magna charta 17: *Communia placita non sequantur curiam nostram, sed teneantur in aliquo loco certo*.

25, 24. Bedarf es nun noch fernerer Beweise, dass der Wilhelm-Interpolator identisch ist mit dem Edward-Interpolator? Derselbe Stil, dieselbe Tendenz, die gleiche Verwirrung und Fälschung, dieselben Schnitzer und dasselbe Material. Wörtliche Übereinstimmung tritt in der Mehrzahl der Fälle gerade beim Interpolirten hervor; kein Anderer aber als derselbe Verfasser hätte dies Eingeschwärzte vom ursprünglichen Rechtsbuch scheiden und mit Vorliebe wiederholen können.

26. „De ducibus Normannorum in Neustria que modo vocatur Normannia".

[Hinter der Erwähnung Herzog Richard's III. auf Folio 40 ist in K 2 ein Blatt ausgerissen, und statt dessen im 15. Jh. eine Copie[1] aus einem fremden Werke eingeklebt. Aus dem Beginn von Folio 42[2] folgt aber, dass das einstige Blatt 41 mit Wilhelm II., also wie Co. Or, schloss.]

Unser Londoner bricht der Chronologie zu Liebe diese Genealogie hier mit 1100 ab[3], und stellt ihren letzten Satz zu Heinrich I. (unten 29) hin, da er über die späteren Könige eigene Abschnitte zu bringen hatte. Er fügt ihr hinzu:

a) den Beinamen Harold's I. *Harefot*, den er bereits zu ECf 34,2 einschaltete, wo er auch neben Aethelred II. *Unrad* und neben Eadmund II. *Ireneside* setzte.

b) Harald II. schilt er einen bösen Kronräuber, aus Normannischer Parteiüberlieferung, vielleicht nur aus ECf retr. 35, 2.

c) Er bezeichnet die Todesorte und Gräber von Wilhelm I., dem Könige *totius huius regni Britannie*, von dessen Gemahlin und von Wilhelm II.

d) Er lobt Wilhelm II. hier mit stereotyper Phrase; s. o. p. 45. Aus ECf 11,3 mag der Nachsatz stammen: *sed clerum odio habuit*.

1) S. u. 28.   2) *Cui successit Henricus*.   3) S. o. p. 29, Anm. 1.

e) Dann folgt ECf retr. 11,2; 11,3; s. o. 25,3.

f) Hinter dem Protest der Kirche gegen ihre Besteuerung durch Wilhelm II. zur Erwerbung der Normandie (d. i. ECf 11,3) fährt er fort: „[1]Qua de causa multi Britones et Picti interierunt[2]; et viri ineffabiles gladio ceciderunt; vastavitque gentem propriam. Sed demum universi graviter finem[3] fecerunt." Wilhelm's II. Kämpfe gegen Kirche, Schottland und Adel verflicht unser Londoner also ganz unhistorisch: möglicher Weise verführt durch Rückschluss aus Johann's Zeit.

Die Nachrichten a und c stehen in keiner Chronik des 12. Jhs., die ich kenne, beisammen[4], sind aber einzeln mehrfach bezeugt.

26,1. „Ricardus de Brionnia, propinquus Roberti[5] Normannorum ducis, vir strenuus, magnus et animosus, Haraldum sociosque suos occidit" [1066]. Diese Nachricht find ich nirgends vor- oder nachher[6]. Nur der Character Richard's ist unseres Verfassers Phrase; s. o. p. 45. Hier lag ihm wohl eine Sagenquelle vor, möglicher Weise wiederum die Genealogie der Grafen von Huntingdon[7]; vgl. o. p. 25; u. p. 69.

Dagegen wird auch sonst, wiewohl nicht wörtlich ebenso, berichtet, dass *Haraldus fuit clam quesitus, inventus per signum in pede, sepultus in Waltham*. Aus dem nahen Waltham, woher diese Kunde kommen könnte, notirte die Gildhalle auch ein anderes Schriftstück; s. u. 49.

26,2. Die Nachricht (des ECf 35 und der Genealogia 10) über die Erbeinsetzung Wilhelm's durch Eadward, mit Ausschluss der Aethelinge, besitzt für unseren Verfasser eine besondere Wichtigkeit. Er wiederholt Margareten's hohe Abstammung, und folgert ihre Tugend aus dem Heiligennamen; ECf

---

1) Aus Co. Or: ungedruckt.   2) interfuerunt Co. Or.   3) Vertrag mit dem König mittelst Geldbusse.   4) S. o. p. 28.   5) Robert's II. Grossvater war Richard I., dessen Urenkel dieser Richard von Bienfaite war. 6) Unter den vier Namen derer die den verwundeten König tödteten (vgl. Freman, Norman conquest III 199) klingt keiner ähnlich.   7) Richard's Sohn heirathete Waltheof's von Huntingdon Tochter (Will. Gemmet. S. 37) oder Enkelin (V. Waldevi ed. Michel 126).

35, 1 A. Für seine Anschauung wird nun die Frau vom Thronfolgerecht nur durch den Bruder ausgeschlossen. (Daher scheint ihm Johann nicht *de iure* König, und Eleonore von Bretagne nach Arthur's Tode *verus heres*[1] *regni Angliae*.) In diesem Sinne sagt er[2]: „Margareta erat de iure post decessum Eadgari fratris verus heres ultimi[3] Edwardi de corona regni". Aus diesem angeblichen Thronfolgerecht Margaretens folgert er sogar weiter unten 29, 3 ein solches Alexander's I. von Schottland.

26, 3. Während die Genealogie 10 sagt: *(Haroldus Willemo) de regno fidelitatem iuravit,* berichtet unser Londoner: *(Eadwardus Willelmo) regnum iurare fecit.* Eine falsche Vorstellung, vielleicht veranlasst dadurch, dass Heinrich I. und Heinrich II. ihren Thronfolgern huldigen liessen. — Dass Margarete, die 1093 starb, ja sogar der Bekenner [der 1066 starb] den Aetheling Eadgar überlebten, sind arge Anachronismen.

### IV. Wilhelm's I. Söhne und Enkel.

27. Die der Genealogia folgenden leoninischen Hexameter erzählen Wilhelm's II. Tod auf der Jagd durch Tirrel's absichtslosen Pfeil. Dass jener ihm verzieh und zu fliehen rieth, entnahm unser Verfasser vielleicht mittelbar Benoit de S. More 40815: (Wilhelm II.) *dist au chevaler: 'Va-t-en, fui lei senz demorer'.* Das Übrige[4] ist vielen Quellen gemeinsam. Wörtlich am nächsten steht Florenz von Worcester: *Willelmus in Nova foresta venatu a Wallero cognomento Tirello sagitta incaute percussus.*

Wilhelm II. erscheint hier zwar stolz und sinnlich, aber tapfer, stark, schön, froh unter zahlreichen Tafelgenossen: es ist das Bild des Königs wie es allein für Laien auch z. B. Gaimar malte. Unser Verfasser verdient Lob, dass er von dem viel Geschmähten so gut sprach. Seine Zeitgenossen verbreiteten die pfäffische Ansicht, die dann noch die neueste Darstellung so sehr durchzieht, dass sie die prächtige Westminster-Halle nicht würdigt als Sinnbild des Staates gegenüber dem benachbarten Kloster.

---

1) S. u. 48, 1; vgl. 36. Dagegen eine andere Ansicht u. 32.   2) ECf 35, 1 A 1.   3) S. o. 25, 15.   4) S. o. 21. Des *cereus* gedenken Malmesbury und Huntingdon.

Das folgende Gedicht dagegen gipfelt im Preise der Festhalle zu Westminster. Der Londoner Localstolz rühmt sie als das schönste Gebäude auf Erden zum Königsbankette wie auch für die *Judices legis:* wiederum[1] ein Ausdruck der Freude über das ständige Königsgericht.

„(Versus[2].)

Curthose[3] ducatum tenuit; Rufus dominatum
Regni possedit, morti percussus obedit.
Nota canunt gesta: Ruffum venando foresta
Willelmum rapuit mors, que sagitta fuit.
Nam qui currentem cervum traxisse volebat,
Regem ledebat, archum non effugientem.
Regem prostratum Wyntonia claudit humatum;
Clamor magnatum plorat miserabile fatum.
Tirel plangentis cognomen erat ferientis.
Rex incauta rei corde remisit ei:
Avertens oculum, dixit rex percucienti:
'Accipiens anulum digito, clam curre parenti[4];
Non capto pane, subterfugies mare mane!'
Tirel transivit, regnum natale petivit.
Ve morti forti, ve culpe funeris orti,
Qua rex decessit, qui regno vulnere cessit!
Nam licet elatus optatum carnis habebat,
Rex loricatus hostem nullum metuebat;
Corporis optinuit vires magnumque decorem;
Letus sustinuit mense communis honorem;
Visibus humanis aulas ornatus inanis
Fecit fundare, propter sua festa parare:
Aulam maiorem construxit Londoniarum.
Orbis terrarum non optinet utiliorem
Judicibus legis, ac ad convivia regis
Regum regnorum flos est domus illa domorum."

1) S. o. p. 63. 2) Aus Co. Or. 3) Robert von der Normandie. 4) „Zu Deiner Verwandtschaft"?

[28]. Das im 15. Jh. geschriebene Blatt K 3 (hinter K 2 f. 40; s. o. 26) enthält Copien der drei Blätter Sc f. 162 ff., nämlich 1) III A Wilhelm (s. o. Stück 24) und 2) „Charta eiusdem regis Willelmi de appellatis pro aliquo maleficio Franco vel Anglo" d. i. Quadripartitus, II Wilhelm. — Es folgen drei Urkunden Heinrich's I., an Worcestershire gerichtet, nämlich 3) die Krönungscharte (s. u. 31,1); 4) *de moneta falsa*, 25. Dec. [1103], und 5) *ubi comitatus teneri debet*[1]. Riley druckte 4 und 5 aus K 3. Den Schluss macht 6) *Concordia inter Stephanum et Henricum II.*, 1153. Rymer (Foedera I, 1 p. 12; 18) druckte 4—6 aus Sc.

29. Über Heinrich I. entnimmt Verfasser seinen ersten Satz[2] dem Schlusse der Genealogia, den er deshalb oben, in Stück 26, ausliess.

29,1. „Matilda regina optima, soror Alexandri [I.] et Davitis [I.], per quam[3] confoederavit sibi regnum, sepulta fuit apud Westmonasterium." Soviel wusste damals fast jeder Londoner von der 'good queen Maud'. Doch könnte diese Kunde aus jener kurzen Chronik stammen, deren Spur wohl schon oben Stücke 21. 26. 27 verraten. Ebenso der Satz: „Obiit Henricus apud Lyouns, sepultus apud Redinges." In derselben Sprache berichtet unser Verfasser über Kirchlichkeit und Grab dieses und späterer Könige; mit *enim* meint er *et* oder *autem*.

| Heinrich I. | | | Richard I. |
|---|---|---|---|
| Dilexitque Deum ditavitque s. ecclesiam in multis per loca. | | | Clerum dilexit; ditavit s. ecclesiam in multis per loca. |
| | Stephan. | Heinrich II. | |
| Sepultus enim fuit apud R. in abbatia quam construxerat. [Matildae] animae propitietur Deus. | Sepultus enim fuit apud F. in abbatia quam construxerat. | Sepultus enim fuit magno honore apud F. Cuius animae propitietur Deus. | Sepultus enim fuit cum maximo honore apud F. |

1) Eine bessere Form s. u. 31, 1 d.   2) Bezug darauf unten 35.
3) S. o. p. 45.

**29,2.** Die Schottenkönige nennt unser Verfasser wieder Englands *principes Albanie*, wie oben 25,10.

**29,3.** Um eine grosse Verleihung von Kronrechten an sie zu erklären, fabelt er, Heinrich I. versöhnte damit den Sohn Margareten's, die Verfasser für die rechte Thronerbin schon oben 26,2 erklärt, *quia Alexander vendicavit monarchiam huius regni, sicut verus heres de iure Edwardi ultimi*[1].

**29,4.** Dem Schotten David gab Heinrich 1. den Honor Huntingdon mit seiner Verwandten Matilde, der Wittwe des ersten Simon von Senliz, Grafen von Huntingdon und Northampton. Verfasser muss diese, inmitten seiner sonstigen Verwirrungen auffallend genaue Nachricht von einem guten Autor haben, der sich des zweiten Simon von Northampton († 1153) noch entsann, vermutlich wieder[2] von demselben Erzähler, den die Vita Waltheofi (p. 126) benutzte.

**[30].** In K 2 (nicht in Co oder Or) folgen einige Zeilen und zwei Bilder[3], die Prinz Wilhelm's Schiffbruch sowie Heinrichs Kummer darüber darstellen, ferner aber Kaiserin Matilde betreffen. Auf f. 43 wiederholt K 2 fast wörtlich das eben auf f. 42 v. über Heinrich I. und Alexander I. erzählte.

**31.** „Capitula legum eiusdem Henrici", d. i. Hn, die sog. Leges Henrici I., mit vorausgeschickter Rubrikenliste.

Für dieses Stück haben wir ausser den Hss. K 2, Co, Or Varianten aus anderen Codices unseres Werkes, nämlich aus Lond, Sp, Sl und Tw; vgl. u. 57, 2 d — g.

Neben unserem Verfasser copirte den schon stark verderbten Archetyp[4] nur der Exchequer-Schreiber Sc, von welchem Hg[5] und, mit ausdrücklichem Zugeständniss, die Hs. der

---

1) S. o. 25, 15.   2) S. o. 26, 1.   3) Facsimile bei Riley, Text p. 650 f.
4) Er schied nicht *e* von *t*, *u* von *n*, *ni (in)* von *m*, wie zahllose von einander unabhängige Lesefehler beider Classen beweisen, war also vom Autograph um zwei Menschenalter entfernt. Dass Sc und unser Londoner Einer corrigirten Handschrift folgen, wird wahrscheinlich durch Hn 16, beginnend *Tam*. Da hat Sc: *am*, roth davor λ, obwohl *t* schwarz vorgeschrieben war; K 2: *Nam*; Or: *Tam*. Ähnlich hat Sc *tria*, darüber IIII K 2: IIII; Or richtig *tria*.   5) S. u. 56 a.

Cambridger Universität Dd 6, 38, vom 16. Jh., wie manche andere moderne Copie, abhängen. Um Fehler und Lücken[1] in Sc zu bessern, besitzt die Abschrift unseres Londoners Werth. Aber eigenen Geist verräth er in diesem Stücke fast nur in den zwei ersten Urkunden. Im Ganzen liest Sc besser[2].

31, 1. Den Einleitungszeilen Hn's folgt CHn cor. (Charta Henrici I. coronati[3]). Hn entnahm beide Stücke, wie viele Abschnitte späterhin dem Quadripartitus. Mit letzterem gemeinsam lässt Sc erstens eine Zeile[4] aus, nämlich *Pacem firmam in toto regno meo pono et teneri amodo precipio* (CHn cor. 2, 3a) und bringt zweitens eine fehlerhafte Zeugenzeile. Dagegen weicht unser Verfasser hier von Hn zu einer Vorlage hls ab, die mit Hn gemeinsam auf CHn cor. zurückgeht. Er bietet nämlich richtig erstens CHn cor. 2, 3a und ferner einige[5] Zeugennamen, jedoch nicht alle, sondern nur dieselben wie die Harley'schen Hss. 458 und 746 vom 13. und 14. Jh., Hl und S.

31, 1 b. Ebenfalls mit diesen gemeinsam hat er manches andere. So bringt er, vor der Zeugenzeile eingeschoben:

"[6] "Presentis vero ecclesie monachis libertates[7], dignitates, regiasque[8] consuetudines sibi per cartas regum olim confirmatas concedo."

Da er nun Hl und S bisweilen an Correctheit übertrifft[9], bisweilen ihnen nachsteht[10], so nehme ich an, dass er deren Quelle hls für CHn cor. benutzte.

31, 1 c. Unseres Londoners Eigenthum ist in CHn cor. also nur das Wenige, was weder in Hn noch in hls steht. Auch dies reicht aus seine Feder zu erkennen. Die Beschrän-

---

1) Hn 89. 3 fehlt Sc eine Zeile. 2) Hn 88, 2 hat Sc vier Wörter, die K 2. Co. Or. Lond. überspringen. 3) Beste Form: Sc 2 (d. i. zweite Eintragung fol. 163, daraus K 3, oben 28, 3) und hrl, d. i. verlorene Vorlage von Roffensis und Rawlinson C 641. 4) Bezeugt durch Sc 2; hrl; Flor. Wig.; Ric. Haugust. ed. Howlett 142. 5) Vollständiger: Sc 2 und theilweise hrl. 6) Diese Zeile steht in beiden Texten Hl's, sowohl dem Lateinischen als dem Französischen. 7) et *fügt Or zu*. 8) regias *quoque S*. 9) Hl überspringt CHn 1, 3 *et eam non* — 1, 4 *mar. habebit*. 10) CHn 1, 4 *custodierit* statt *servaverit* der übrigen Hss.

kung der Tyrannei betont er durch stilistische Ausschmückung: statt *exactionibus*[1] setzt er *occasionibus et exactionibus* und zu *communi consilio (consensu) baronum* zweimal *et*[2] *assensu* (CHn cor. 1, 1; 2, 2); zur Waffenbereitschaft fügt er ein: *prompti* (2, 3), wie oben 24a, 8.

[31, 1d]. Co setzt an den unteren Rand von p. 76f. Heinrich's I. Charte über Localgerichte: *Huius carte transcriptum habui apud S. Augustinum extra Cantuariam*. Die Lesarten stimmen[3] wiederum mit denen T's im Quadripartitus p. 165, also wie oben p. 2.

31, 2. Unser Verfasser hat eine Urkunde in Hn eingeschaltet, nämlich CHn Lond., Heinrich's I. Freibrief für London[4]. Er bezeugt auch damit wieder seinen Antheil an der Hauptstadt. Das Original des Freibriefs fehlt. Und zwar schon seit der Zeit als unter König Johann ein Rechtssammler der City[5] die Königsprivilegien aufführte. Horn's Annales Londonienses[6] erklären das: *Rex Johannes comburendo (civium) antiquas cartas libertatum*. Auch die Marginalie eines Sammlers von City-Archivalien bemerkt 1319 das Fehlen der Urkunde in Hs. Cotton Vespasian D. XVI f. 58[7]; und das damalige Inspeximus Edward's II. kennt sie nicht. Demgemäss konnten die königlichen Inspeximus-Urkunden des 15. bis 17. Jhs. sich nur auf Abschriften stützen. Und Rymer's Druck, welcher dem Patent roll (Chancery) 2 Edward IV. pt. 5, m. 1 folgt[7], darf kein besonderes Ansehen beanspruchen. Auch die sonstigen Abschriften sind ohne Ausnahme später als unser Verfasser[8]. Leider sind auch die des 14. Jhs. in der Gildhalle nicht untersucht oder

---

1) Vgl. u. 31, 3c.    2) In Sc vom Corrector, der unser Werk collationirt, nachgetragen zu 1, 1.    3) Und übertreffen Sc, dem K3 (oben 28, 5) folgt.    4) Er steht in K2, Co, Or und stand laut Wheloc (Archaion. p. 176) auch in Sl oder Tw, oder beiden Hss. Hn's; laut Wilkins (Leges Anglosax. 235) in Ms. Lond. und „Cantuar." Ich habe ihn in Canterbury Cathedral 1893 vergeblich gesucht.    5) Ai f. 106; ebenso fehlt sie a. 1261, 1270; Lib. de antiq. leg. p. 48. 253.    6) Ed. Stubbs, Chron. of Edward I. 11; vgl. o. p. 3.    7) Freundliche Mittheilung von Herrn H. Hall.    8) Vespasian D 16; Harley 2058 (16. Jh.); Sloane 754; Soc. antiq. Lond. 106; viele Engl.

gedruckt. Vorher ist eine abschliessende Textherstellung unmöglich. Datum und Inhalt erklärte neulich meisterhaft Round, Geoffrey de Mandeville 347.

31, 2 a. Nur der von den Bürgern gewählte Kronprocess-Richter *erit iusticia super homines London*. So steht in K2, erst später geändert in *iusticiarius*. [Dieselbe Modernisirung nahm Co in Stephan's Londoner Freibrief vor; s. u. 33.] Die Zeile[1] *et iustic' qualem voluerint de se ipsis* (ponent cives) überspringen die Hss. Co. Or. Lond. und der Londoner Annalist a. 1209. Dieser Londoner Justicia übte in den Grenzen von London und Middlesex das königliche Richteramt wirklich aus, verschwand aber mit Heinrich II; nach Round 373.

31, 2 b. „Cives sint quieti de eschot[2], danegildo, murdre." Hinter *Scot*, das hier eine Abgabe von der Stadt an den König, wie Dänengeld und Murdrumbusse, bedeutet, setzen andere Hss.[3] und die Drucke *et de loth:* mit Unrecht, da *scot et hlot* die Verpflichtung des einzelnen Bürgers gegen die Stadt bezeichnet.

31, 2 c. In London erpresse Niemand Gastung; „neque de mea familia neque de alia vi alicui hospitium liberetur" (d. h. soll Jemandem mit Gewalt Gastung geleistet werden). Statt *vi* lesen die Herausgeber mit Lond. Or *nisi;* sie verstehen vermuthlich entweder „ausser wenn einem [Hofbeamten] die Gastung [freiwillig vom Bürger] geliefert wird[4]", oder aber „ausser wenn einem [Bürger] die Gastung bezahlt wird". Allein *liberare*[5]

---

Übersetzungen wie Sloane 84, seit dem 16. Jh.; Vespas. B 15; Nero A VI; Hargrave 153 „and other collections for City charters case in 1682/3" [freundl. Mittheil. von Herrn H. Hall]. Die Drucke von Stow bis Stubbs, Select charters tragen nichts zur Kritik bei.

1) Bezeugt auch durch Co (Hs. Corpus Cambr. 476, einen Cityband) und Liber albus p. 14. 128.    2) So K. Co. Or. Tw. Sl. Cust [ - Liber custumarum] f. 14.    3) Co; Cust. f. 187; Vespas. D. XVI f. 7. 64; EL [= Excerpt. London. in Libro Albo, p. 128]; Rymer aus Inspeximus Edw. IV.].    4) Dieser Sinn wäre die Fortsetzung zu II Cnut 69, 1: 'nan man ne þearf to feormfultume syllan, butan he sylf wille'.    5) Ducange belegt das auch für England des 12. Jhs.

heisst 'liefern, leisten' ohne den Begriff der Freiwilligkeit und 'Geld auszahlen', aber nicht 'für eine Sache bezahlen'. *Hospitium liberare* bedeutet technisch 'Quartier mit Kost beschaffen'. Die Lesart *vi* steht nicht nur in den besseren Hss.[1] unseres Werkes, sondern auch im Liber Albus[2], ferner in der Londoner Arbeit vom 12. Jh. *Libertas civitatum*[3], die sich auf CHn. Lond. zum Theil aufbaut *(Homo de curia regis vi vel liberatione hospitari non debet)*, und endlich im Freibriefe von 1155: *Nemo capiat hospitium per vim vel per liberationem marescalli*[4].

31, 2 d. „Homo London. non iudicetur in misericordia pecunie nisi a sa were, scil. ad C sol."; d. h. keine willkürlich hohe Geldstrafe trifft den Londoner, sondern nur eine bis höchstens zu seinem Wergeld. Das *à sa were* ist feste Rechtsphrase[5]: ein deutliches Zeichen, welche Macht das Französisch redende Element seit dem Ende des 11. Jhs. unter den Londoner Vollbürgern besass. Latinisirt wird *a sa* erst von den Abschreibern in *ad sa*[6] und von Herausgebern in *in sa*[7] oder *ad suam*[8].

31, 2 e. „Terras suas et vadimonia et debita civibus meis habere faciam infra civitatem et extra." *Vadimonia* ist richtig; ich gebe nunmehr meinen früheren Widerspruch[9] gegen Round's Bevorzugung dieser Lesart auf. Sie stützt sich nicht bloss auf Edward's IV. Inspeximus, sondern auf zwei frühere Gildhallen-Abschriften[10], nicht bloss auf spätere, der CHn Lond. folgende

---

1) K2. Co. Sl. Tw.   2) El.   3) Ai f. 104 v. Gedruckt ist nur die spätere Bearbeitung, Schmid 520, wo fehlerhaft *lll* statt *vi* steht; beide Hss. Pl und S haben *vi*.   4) Der Marschall ist hier der königliche. Dagegen der Freibrief für Rouen liest *Nemo aliquem hospitetur ex precepto nostro nisi per marescallum civitatis*. Dieser städtische Beamte verhindert die *vis*, die des Königs Gefolge beim Quartiersuchen üben würde. Für London um 1130 ist ein solcher nicht anzunehmen; für später s. o. p. 56, Anm. 2.   5) Liber Albus p. 115: Wer das Erscheinen eines im Strafprocess-Termin Ausgebliebenen verbürgt hat, *iudicatur a sa were, scil. in misericordia C sol*.   6) So Co. El.   7) So Schmid.   8) So Rymer. Libertas civ. (Ai f. 105; Schmid 520): *ad suum werre scil. C sol*.   9) Engl. hist. rev. 1893, p. 548.   10) Cust. f. 187; und El.

Freibriefe für London und andere Englische Städte, sondern auch auf den Freibrief für Rouen. Zwischen Landgüter und Schuldansprüche passen, wie Round treffend bemerkt, Pfandansprüche logisch hinein und nicht *wardimotum*, eine Stadtviertelversammlung, wie unser Verfasser statt *radimonia* liest. Völlig unmöglich wäre ein *Wardimot extra civitatem*. Allein wenn nicht nur er um 1210, wenn alle seine Handschriften, von denen mehrere in der Gildhalle um 1300 entstanden, wenn einige fernere Überlieferungen[1] hier vom Wardmot reden, obwohl sie doch in den späteren Freibriefen richtig *radimonia* lesen[2], so muss erstens Ein Geist die Verdrehung verbrochen und zweitens einen den Nachfolgern verständlichen Sinn damit verbunden haben. Unserem Verfasser, der ja so häufig gefälscht hat, lässt sich die Änderung von vier Buchstaben recht wohl zutrauen. Schwerlich war sie bloss eine irrige Ideenassociation aus den vorhergehenden Zeilen, die von den anderen Londoner Gerichten *Husting* und *Folkesmot* sprechen. Wem sie also diente? Offenbar den Aldermen. Ein Privileg, das für die Freiheiten der Londoner Vollbürger den Grundstein legte, sollte auch das Wardimot[3] ehrwürdig verbriefen, welches um 1210 je seinem Alderman Nutzen brachte. Wie dieser damals noch zum Theile erblich an der Spitze eines Ward stand, so sass er auch der Versammlung (dem Gerichte) des Ward vor. Und das Wardimot hatte grosse praktische Bedeutung. Damaliges Londoner Stadtrecht[4] sagt z. B.: *Quilibet aldermannus teneat wardimotum suum[5] de omnibus hominibus suis qui sunt de etate XV annorum;* vom Grundstücksverkauf *dedenz warde l'auderman de icele warde en deit areir sa dreiture, 2 sol.; in pleno wardemoto suo precipiat, quod equos habeant.* Dort erfolgt die Steuerumlage, der sich zu entziehen, der Alderman

---

1) -*mota* Cust. f. 14a; -*moth* Vespas. f. 7. 64; -*motum* Cc und zwei Hss. des Middle Temple, laut Symonds D'Ewes in Hs. Harley 311, f. 46. 2) S. u. 38. 3) Wohl aus *Ward-gemot*. 4) Ai f. 124; 99; 101. 5) A. 1258 *Aldermanni facerent convenire wardemota sua;* Lib. ant. leg. 31.

die Insassen verhindert[1]. Der Wardbüttel[2] beruft die Bürger zum Husthing.

31, 2f. „Debitores debita reddant vel in London. se disrationent quod non debent. Quodsi reddere noluerint neque ad disrationandum venire .." Die Worte *quod non debent* stehen so bei unserem Londoner richtig; Spätere[3] schieben sie hinter *neque*.

31, 2g. Unter den Zeugen bewahrt er richtig *Albini*, wo Spätere *Albini Spin'*[4] und daraus zuletzt *Albaspina*[5] lesen.

31, 3. Den eigentlichen Text der Leges Henrici ändert unser Verfasser selten. Und wo er es thut, erkennen wir nur seine bekannten Züge: nämlich die Grossbritannische und constitutionelle Tendenz, die Vorliebe für Heretogas und London.

31, 3a. Statt *Anglie* setzt er (IIn 6) *Britannie*, neben *regnum Anglie* nochmals *in regno Britannie*. Da schiebt Sc's Corrector, also nicht die Vorlage aus der Sc's Schreiber copirte, *in Britannos* ein, vielleicht indem er unser Werk collationirte.

31, 3b. Zu den Localbeamten, die Hn 7, 2 aufzählt, fügt er hinzu *herthohei, treingrevei, leidgrevei*; diese Kunde von Herzogen, Riding- und Lath-Reeves entnimmt er ECf 31. 32.

31, 3c. „Conveniant in hundretum liberi, ad dinoscendum, si decanie plene sint. Praesit hundredo aldremannus qui iura studeat promovere"; so Hn 8, 1. Wohl der *Alderman* (d. i. hier Hundredes ealdor) giebt den Anstoss zu folgender Zufügung, die erstens willkürliche Erpressung beseitigen will zu Gunsten gerichtlich und gesetzlich festzustellender Geldstrafe und zweitens diese verfassungsmässige Beschränkung auf Reichstagsbeschluss gründet. „Quia nil exigi" debet nisi per legem terre et iudicium curie, prout statutum est consideratione procerum et predecessorum totius regni, bonorum patrum et sapientum totius monarchie". Die letzten Worte begegnen in mehreren Stücken; s. o. 2. 11, 3. 21a, 7. 25, 23.

---

1) Letztere Sätze druckt Cunningham 512.   2) Zwei Menschenalter früher in London nachweisbar. Ein *ward-irere* auf dem Lande 1 Wil. 28.   3) Cc. Ry.   4) Cust. f. 14. 187; Vesp.   5) Cc. Ry.   6) Vgl. o. 31, 1c.

**31,3d.** In 34,3 spricht vom *sol. ex V den*. Der kleine Schilling von Wessex aus fünf Pfennigen war vermuthlich in London um 1210 vergessen[1]: unser Verfasser ändert *ex* in *et*. Auch lässt er hier *in Westsexa* ganz fort; vgl. o. p. 63.

**32.** „[2]Cui successit Stephanus, nepos eius, miles optimus; et regnavit annis XIX in multis adversitatibus et periculis. Sepultus enim fuit apud Faveresham in abbathia quam construxerat." Selbst dieser kurze Satz enthält des Verfassers stereotype Phrasen; s. o. 29,1. Die Worte *regnavit in m. a. et p.* sagt ECf retr. 34, 2 von Aethelred II.; unser Londoner münzt sie unten 44 noch einmal auf Richard I.

Stephan wird hier nicht, wie um 1200 meist, Usurpator gescholten: vielleicht eine Nachwirkung von London's Widerstand gegen Mathilde. Denn persönlich neigte der Verfasser zur weiblichen Thronfolge; s. o. 26,2. Vorsichtig verschweigt er, dass London Stephan zur Thronbesteigung mit verhalf.

**33.** „Carta eiusdem — — W. Martel apud London."; d. i. die erste kurze Charte; gedruckt aus K 2 in Statutes[3] p. 4.

**34.** „Stephanus[4] in regem magnatum laude levatur". Diese 26 gereimten Hexameter, in demselben ungeschickten Stile wie Stück 27, schildern in den Hauptzügen die Anarchie richtig, aber mit Verwirrung der Zeitfolge und ohne neue Einzelheiten. Der Thronstreit von 1135—54, die Zeit da *regula legis obstupuit*, dauerte bis zur *finalis concordia*, durch welche Heinrich II. folgte, *affirmans rata Blesensis facta notatu*. Dass Heinrich II. Stephan's *dona* aus Krongütern und -Rechten anerkannte, ist nicht vollkommen richtig.

---

1) Vgl. o. 25,2.  2) 'De Stephano rege' fügt zu Co. Or.  3) Z. 7 fehlt *bonus* vor *cons. Co*; statt *insticiis* liest *insticiariis* (vgl. o. 31,2a) Co. 4) Riley p. 651, Z. 17 bessere aus Co. Or: *feriunt*.

## V. Heinrich II. und Richard I.

35. Ein Abschnitt über Kaiserin Matilden's Vater, Mutter, Gatten, Sohn und Grab zu Bec citirt[1] Stück 29 oben.

35,1. Über Heinrich II. redet unser Londoner als warm bewundernder Zeitgenoss. Leider ist sein Wortschatz so gering, dass er auch von diesem grossen Herrscher keine individuellen Züge bewahrt. Nicht nur den Character schildert er stereotyp (s. o. p. 45), sondern Wort für Wort deckt sich mit dem unten 44 über Richard I. Gesagten der folgende Abschnitt: „Fuit dux Normannie et Aquitannie, comes Andegavie et dominus Britannie, que vocabatur Armorica. Rexitque omnia et universa predicta dominavit et sibi subiugavit viriliter et strenue omnibus diebus vite sue, nec de illis pro posse suo prout potuit temporibus suis nullam patiebatur eclipsim. Fecit iudicium et iusticiam in regno predicto et in terris predictis constanter. Fuitque vero Hispania meta et finis dominii sui et Norweia versus aquilonem." Offenbar zittert unter jenem Lobe für das volle Festhalten der Französischen Länder ein Schmerzenslaut über deren Verlust 1206. Von *Britones Armorici* sprach unser Verfasser auch oben ECf 32 B. — Das Plantagenetische Reich dehnte sich auch nach Giraldus Cambrensis aus *ab Hispania in occiduos Borealis oceani fines* (Instr. princ. II 21).

35,2. Mehr als blosse Phrase, vielleicht Achtung vor dem Heldenmuth Eleonoren's, die erst 1204 starb, liegt in den Worten: „Duxit dominam Pictavie; vocabatur Alienora, regina scilicet generosa et domina animosa."

35,3. „Subiugavit corone, in augmentum regni, imperpetuum[2] Hiberniam auctoritate pape." Die ersten Worte klingen genau wie die über Arthur's Eroberung von Norwegen; vgl. o. p. 48. Unser Verfasser nennt die von Hadrian IV. genehmigte Anglonormannische Eroberung Irlands dauernd, im Gegensatz zum Besitze jener Französischen Territorien.

---

1) *Prefata* heisst die Mutter. 2) So bessere aus Co. Or Riley 652, 15 *improprium*.

35,4. „Erat pastor ferarum et custos nemorum, avo consimilis": eine Bezugnahme auf oben 29,1.

35,5. „Crimina vero sua fuerunt publica: Thomas mucrone cadebat." [K 2 giebt ein Bild¹, das den König mit dem Erzbischof streitend darstellt.]

[36]. Unser Verf. hatte in Stück 35 Heinrich's II. *prolem nobilissimum* ohne Namen erwähnt. Sein Bearbeiter, dem Co und Or folgen, nennt des Königs Kinder und Enkel, verwechselt aber Matilde von Sachsen mit Eleonore, macht aus Wilhelm, dem Gemahl Johannen's, ihren Sohn und verfehlt die Namen der Enkelinnen von Bretagne (Eleonore²) und Perche (Matilde). Statt Perche setzt er La Marche, verführt wohl durch die Heirath des Grafen der Marche mit Johann's Wittwe. Er schreibt nach 1209, da Otto IV. Kaiser heisst. Gemäss dem im 13. Jh. durchdringenden Gedanken der Thronfolge allein nach Erbrecht mit Enkel-Repräsentation³, ohne Königswahl, nennt er Johann *regem non de iure*, was übrigens der Anschauung auch unseres Verfassers entspricht.

„Henricus rex secundus genuit Henricum regem, filium suum, qui adhuc vivente patre obiit, Ricardum bonum regem, qui sine herede obiit, Galfridum comitem Britannie (qui Galfridus genuit Arthurum et Margaretam puellam), Johannem regem Anglie, postea regem non de iure, Johannam reginam Cecilie (que peperit Willelmum et Reymundum comitem Sancti Egidii), Alianoram ducissam Saxonie (que peperit Othonem imperatorem et Adelinam comitissam de Marcham)."

37. „Carta regis Henrici II. facta communitati regni" d. i. die kurze Krönungscharte, aus K 2 in Statutes p. 4 gedruckt.

38. „Carta⁴ eiusdem facta civibus Londoniarum."

39. „Quedam ordinatio de contributione facienda in subsidium Terre Sancte" d. i. der Ablass der *episcopi Normannie*⁵

---

1) Facsimilirt von Hall, Courtlife 203.   2) So richtig unten 48.
3) S. o. 26, 2; 29, 3; u. 48.   4) 1155 nach Round 367⁴. Riley's Druck berücksichtigt weder unser Werk noch eine zweite Eintragung Cust. f. 187 b.
5) So bessere Riley 653 Z. 4; Z. 9 lies *penitentia*; 16 *requie*. Der Text bei Spelman- Wilkins, Concilia I 490 lautet z. Th. reiner.

und die Disposition Philipp's II. und Heinrich's II. über die Besteuerung Frankreichs und Englands für's Heilige Land, von 1184.

40. Rubrikenliste und Text des Tractatus de legibus et consuetudinibus regni Anglie tempore regis Henrici II. compositus d. i. Glanvilla[1]. Mit diesem Stücke beginnt jetzt die älteste der Hss., Ai[2]. [Auf dies Stück bezog sich Co oben 16a.]

[41]. „Assisa de pane" Heinrich's II., folgt nur in Ai, gehört also wohl nicht zu unserem Werke.

42. „Expliciunt leges Henrici, filii predicte[3] imperatricis." Der Verfasser bezog sich laut *predicte* auf das dem Glanvilla vorhergehende Stück 35, welches wiederum den Abschnitt 29 citirt. Diese beiden Stücke mindestens standen also in dem jetzt verlorenen Anfange des Bandes Ai, der 1206—14 zu London geschrieben ist, oder doch in seiner Vorlage. Ai enthält jetzt Stück 40, 43—45. Ist es gelungen, die Stücke 29. 35. 43—45 als innerlich untrennbar verwandt mit den übrigen Theilen des Werkes darzulegen, so ist also für das ganze Werk die Abfassungszeit um 1210 erwiesen.

43. Mit warmer Verehrung preist unsere Sammlung nochmals Heinrich II., den Spiegel für seine Nachfolger, dessen Unglück dem Aufruhr der Söhne entstamme. Diese letzte Zeile entnimmt ihr der Liber de antiquis legibus, der um 1270 in der Gildhalle entstand (ed. Stapleton 198, 19; 199, 10).

Richard's I. kriegerische, gesellige und kirchliche Tugend, dessen Rechtspflege, Schönheit und Verstand schildert unser Verfasser in genau denselben Worten, die (oben 25, 8; 29, 1) theils auf Wilhelm II., theils[4] auf Heinrich I. gehen, seine

---

1) In K2 (ed. Riley p. 512) steht R. de N.   2) Wenn Glanvilla endlich kritisch edirt wird, so wird sich, hoff ich, zeigen, dass auch hierfür das Verhältniss der Hss. Ai. K2. Co. Or dem unten versuchten Stammbaum nicht widerspricht. Widrigen Falles müsste man annehmen, Ai schöpfe erst das auf Glanvilla Folgende aus unserem Londoner.   3) so auch Ai f. 86; fehlt Co. Dahinter ist ein Blatt ausgeschnitten in Co.   4) Ed. Riley 650: 'Ereit enim iudicium et institiam'.

Kämpfe wie die Stephan's, seine äussere Macht und innere Regierung aber mehrere Sätze lang wie die Heinrich's II[1].

Die Grabstätte der Gebeine Richard's bezeichnet er mit denselben Worten wie der Domdechant von London Ralf de Diceto. Dagegen weiss er besonders genau, wo des löwenherzigen Königs Herz, gross wie ein grösster Mannskopf, ruht.

Dass Richard es Rouen vermacht habe, in der Hoffnung, es werde künftig die Franzosen von seiner Lieblingsstadt abschrecken, ist deutlich nach 1206 geklagt, entweder von unserem Verfasser, oder von dem ihn fortsetzenden Schreiber Ai's.

Zum Lobe Richard's, des mannhaftesten auf Erden, wollte derselbe die Verse Galfrid's von Vinsauf, dem er schon vorher einige stilistische Wendungen zu entlehnen scheint, hierhersetzen. Allein die einzige Handschrift, Ai, enthält nur die Initiale des Trauergedichts.

43. „Regnavit vero predictus illustris rex Henricus II. annis XXXIIII et dimidio[2] in multis possessionibus et facultatibus magnis et innumerabilibus successionibus et prosperitatibus, donec liberi sui ipsum minus[3] licite in iram et in[4] furorem et ad arma et ad bella nefanda dense et indesinenter provocaverunt. Et sic proprii sanguinis sui perturbacione[5] prefatus optimus rex, pie recordationis et suis[6] imperpetuum speculum[7] heredibus et successoribus, gaudia presentis seculi amisit et proch dolor ex hac luce sic subtrahitur. Sepultus enim fuit magno et debito honore et maxima reverencia apud Funthewerodh[8]. Cuius anime propicietur Deus! [Amen[9]].

44. [[10]Incipit de nobili rege Ricardo Anglorum.] [11]Huic successit inclitus et insignis Ricardus, filius suus, in regno predicto et in terris predictis. Erat enim vir strenuus, miles

1) S. o. 32; 35, 1. 2) -ium *Ai*. 3) l. m. *K2. Or.* 4) *fehlt Or.* 5) prot. *Or.* 6) sui *Or.* 7) Galfr. Vinsauf v. 324, ed. Leyser p. 880, über Richard I: *Anglia, rex huus est speculum.* 8) *so Ai*; Funteuerard, *in gleichzeitiger anderer Hand* euerard *auf Rasur; id est* Fontem Ebraudi *übergeschr. Or:* Funtewerod *K2.* 9) *fügt zu K2. Or.* 10) *aus Or.* 11) *So Ai; das folgende fehlt K2, wo f. 110 v. leer steht.* Defuncto rege Henrico II., suc. ei in regnum R., f. s. Erat *Or.*

optimus, bellicosus, animosus, probus, magnus, hominum fortissimus, gnarus, facundus, audax supra modum, pulcher, facetus et[1] largus, benignus, humilis, mansuetus, sapiens et prudens, moderatus. Clerumque dilexit universum. Ditavit vero sanctam ecclesiam in multis et in[2] magnis per loca. Erat enim simul[3] dux Normannie et Acquitannie, comes Andegavie et dominus Britannie (que olim vocabatur Armorica) et[4] dominus Hibernie cum suis appendiciis. Rexitque omnia et universa predicta dominavit et sibi subiugavit viriliter et strenue omnibus diebus vite sue, nec de illis pro posse suo prout potuit temporibus suis nullam paciebatur eclipsim[5]. Fecit enim iudicium et iusticiam in regno predicto et in terris predictis constanter et sine dolo. Fuitque vero[2] Hispania meta et finis dominii sui et Norweia[6] versus aquilonem. Erat eciam flos milicie et mire probitatis. Et regnavit annis X et dimidium[7] in multis periculis et adversitatibus, ut reperiri poterit[8] in historiis. Obiit vero prenominatus insignis et optimus rex Ricardus bone memorie in Acquitannia[9] casu ex improviso: repente ictu inopinato ibidem occiditur archibalista. Sepultus[10] enim fuit cum maximo honore apud Funtewe[r]oh[11] secus pedes patris sui. Cor vero ipsius, magnum[12] ad instar capitis maximi hominis, per preceptum ipsius sepultum fuit apud Rothomagum in cathedrali ecclesia Sancte Marie (mira[13] veneratione, prout justum fuit) ante magnum altare versus meridiem ex opposito tumbe Henrici regis tercii[14], fratris sui [qui[15] numquam regno potitus fuit].

[45]. [16]Jussit hoc sepedictus rex insignis et stupor[17] mundi maxima dilectione quam versus Normannos habuit; et iccirco

---

1) et l. *fehlt Or.* 2) *fehlt Or.* 3) similiter *Ai.* 4) vocabatur *fügt zu Or.* 5) Galfrid Vins. 339: nach Richard's Tod *sidus patitur eclipsin, cessabit fulminis ictus, Unde tremunt hostes.* 6) -wegia *Or.* 7) -io *Or.* 8) vel potest *übergeschr. Ai.* 9) Aquitanniam *Ai.* 10) Sep. ap. F. s. p. p. sui *Diceto II 166.* 11) Funteweoh *Ai*; Fontem Ebraudi *Or.* 12) grossitudine praestans *Gerras. Cant.*; fuit *fügt zu Or.* 13) mira v. p. i. f. *aus Ai, fehlt Or.* 14) et *fügt zu Or.* 15) qui u. r. p. f. *fehlt Ai*, wohl Zusatz unter Heinrich III. 16) *Stück* 45 *und* 45,1 *nur aus Li.* 17) *Stupor in mente* [lies *mundo?*] Galfr. Vinisalv. 390.

cor suum ipsis in extremis destinavit pro illorum fidelitate[1], et quia civitatem illam sicut capud Neustrie[2] pre ceteris regni sui civitatibus magis dilexit. Speravit[3] enim Gallos cordis sui timore predictam civitatem ausu temerario non invadere nec Normannos ullo modo metu cordis sui in aliquo gravare[4]. Et ut verum fatear[5], in toto orbe terrarum tempore suo non erat illi virtute consimilis.

[45,1]. Ad cuius laudem magister Galfridus Venisalvus[2] scripsit in hec verba: 'N|eustria[6]|'."

[46]. Auch für Ai's folgenden Theil steht der Ursprung in der Londoner Gildhalle, wahrscheinlich in der Kämmerei, um 1210/6 fest. Es ist eine Sammlung, die den Geist ihres Sammlers[7] vielleicht nur durch die Auswahl der abgeschriebenen Stücke verräth, vielleicht aber doch ein oder das andere Erzeugniss birgt, dem seine eigene Feder eigenthümliche Form verliehen hat. Die Französische Genealogie der Patricier *Blemunt* (Cornhill) auf f. 132 v. lässt vermuthen, dass er mit diesen mindestens irgendwie zusammenhing, und f. 98 steht am Rande: *Pro Martino le Cornmonger*. Manches, das ich nicht in früheren Handschriften kenne, ist offenbar private Londoner Arbeit, nicht blosse Wiedergabe städtischer Acten, und zwar aus der Zeit da, u. a. laut paläographischer Kriterien, der Codex entstand. Ich habe diese Sammlung noch nicht untersucht; bei flüchtiger Durchsicht fand ich zwar keinen deutlichen Grund, sie unserem Verfasser abzusprechen, zog es aber vor, meinen Londoner erst einmal unabhängig von dieser Frage aufzuerwecken. Dass sich sein Quellenmaterial öfter mit dem dieses Sammlers in Ai deckt, bemerkte ich oben p. 12. 14. 37. 49. 61. 71. 74.

---

1) *Rotomagensibus propter fidelitatem cor transmisit;* Rog. Wend. 2) *Neustria sub clypeo regis defensa Ricardi, Indefensa modo* Galf. Vins. v. 366. 3) *Hostes ricus sic terruit, ut timeatur mortuus;* Galfr. 414. 4) *Das Folgende fügt derselbe Schreiber Ai's in anderem Zuge hinzu.* 5) Vgl. *aldermanni iuris experti et, ut rerum fatear, non ignari* ECf 32 A. 6) *Farbig N im Text; am Rand in cursiver Hand:* 'Neustria' est capitulum in Poetria de rege Ricardo; *Rest der Seite leer Ai.* 7) Wahrscheinlich derselbe Mann setzte Stück 41 in Ai.

Jedenfalls ist diese für Londons früheste Verfassungsgeschichte wichtigste Sammlung keine Fortsetzung unseres Werkes, von dem sie auch äusserlich durch zwei leere Seiten getrennt ist. Denn sie enthält keine Urkunden des öffentlich Englischen Rechts, sondern (mit drei Ausnahmen) nur Acten beschränkt Londoner Interesses; sie ordnet die Denkmäler nicht nach Zeitfolge; sie lautet zum Theil Französisch; sie nimmt zwei erzählende Stücke auf, die doch nicht den König betreffen.

Sie ist im folgenden Jahrhundert vom Liber custumarum Gildhallae[1] theilweise ausgeschrieben worden. (Leider hat bei dessen Herausgabe Riley[2] nur einmal Ai verglichen.)

Unter *nos* meint sie *cives Londonienses*[3]. Sie redet von Heinrich II. als *pater Johannis regis nostri*, also unter diesem (f. 91); sie verzeichnet die Sheriffs seit 1189 nur bis 1216 (f. 112[4]), die Londoner Freibriefe nur bis Johann; sie bezeichnet Reginald, der 1214 gefangen wurde, als *modo comes Bolonie; filia Matildis desponsata est, ut dicitur, filio regis Francie* (125 v). Matilde wurde 1201 mit Prinz Philipp verlobt und 1216 verheirathet. In diesem Jahre scheint Ai abgeschlossen.

Die Sammlung enthält, ausser schon Genanntem: Verzeichnisse der Einkünfte von Gütern an der Themse, das Wasserrecht von Castle Baynard bis Staines, das Hidagium für Middlesex, Londons innere Verfassung und Privatrecht, Londons Fremdenrecht und Handelsgewohnheit, eine Liste von Londons Freibriefen von Wilhelm I. bis Johann (ohne solche von Heinrich I. oder II.), die Methoden der Steueraufbringung[5] und Treueide der Londoner unter Richard *(Obedientes erunt maiori et skivinis)* und Johann, das Weberrecht von London, Winchester, Marlborough, Oxford und Beverley[6], Brotpreisregulierungen[7], Strafprocessregeln für London, die Aufgaben der Reiserichter zu London unter Johann, Ortsrecht über Wache,

---

1) p. 61—4; 86 ff.; 130 f.   2) Munim. Gildh. II 87¹.   3) *sokna nostra* f. 88 v; *privilegia nostra* f. 117.   4) Wohl diese Liste benutzte der Liber antiq. leg. p. 222.   5) Die von 1199 druckt Cunningham 512.   6) Daraus Cust. p. 130. Die Zusammenstellung dieser Städte erklärt sich aus Gross, Gild merch. I 108.   7) Cunningham 501.

Thorschluss, Löschvorrichtungen unter Johann, die lange *Consideratio contra incendium* von 1212[1] (am Schlusse), *De honore Bolonie*[2] *in Anglia* (f. 125); den Brief Priester Johann's an Kaiser Manuel (f. 97), einen Tractat[3] *De Bretaine, ki ore est apele Engletere* (f. 102), der Huntingdon p. 11 f. benutzt und zu Englands fünf Sprachen hinzufügt: *Normand e Frances*.

[46, 1]. Die *Libertates civitatis London*.[4] auf f. 104 v. sind eine Londoner Privatarbeit des 12. Jh., von der eine andere Form sich aus späteren Hss.[5] in die Ausgaben der Angelsächsischen Gesetze verirrt hat. Beide Formen ruhen auf Heinrich's I. Freibrief für London; vgl. o. 31, 2 c. Unbenutzt ist auch die Hs. Co, die die Libertates richtig vor Johann eingeordnet haben will; s. u. 52, 3. Dieselben Libertates sind entweder von unserem Londoner benutzt, oder doch ihre Anschauungen ihm vertraut; s. o. 7; 24 b 8; 31, 2 c.

47. Bei einer so lose verbundenen Sammlung wie sie unser Londoner hinterliess, ist es von vorneherein anzunehmen, dass er nicht in Einem Zuge gearbeitet und manches nachgetragen haben wird. Stück 44 über Richard I. gehört ihm jedenfalls. Da aber alle Handschriften Fortsetzungen haben, so ist der Schlusspunkt unseres Verfassers nicht mit unbedingter Sicherheit erkennbar. Vielleicht war Ai schon geschrieben, bevor er *Leges Ricardi I.* anhängte. Der Liber custumarum Gildhallae bezeichnet nämlich (p. 490 in einer Liste der Hauptstücke unseres Werkes) den auf *Leges Henrici II.* folgenden Abschnitt als *Leges Ricardi*. Auch bei den vorigen Königen reihte ja der Verfasser die Gesetze der Biographie an.

47, 1. Richard's I. Freibrief für London von 1194[6], der hinter Stück 44 in K 2 und Or[7] steht, darf daher sicher noch als zu unserem Werke gehörig betrachtet werden.

1) Ed. aus Ai Turner, Domestic architect. I 281. Aus Ai stammt Cust. p. 86. 2) Die Grafen von Boulogne waren dem Londoner Dome befreundet. 3) Wohl verwandt dem in Cust. f. 1, den Mon. hist. Brit. 691 ediren. 4) Theile druckt Cun. 541. 5) Mit der von (Thorpe-) Schmid 519 allein benutzten Hs. S stimmt die etwas frühere Pl. 6) Riley 248 druckt ihn aus Cust., also späterer Quelle. 7) Or gleicht bisher überall Co,

Dass 47,2 und 47,3 ihm ebenfalls zuzuzählen sind, dafür sprechen drei Gründe. Erstens zeigt Hs. Or erst dahinter einen äusserlich und innerlich deutlichen Absatz; zweitens ist 47,2 wahrscheinlich vor 1215 aufgezeichnet; drittens passen die Stücke völlig in den Rahmen dieses Werkes.

47,2. In Or folgt auf 47,1: „Concessit et confirmavit cartam civibus London. videl. de Middelsexe et de kydellis amovendis per Thamisiam et per Medeweyam." Offenbar ist Richard's zweiter Freibrief von 1197 gemeint, der die Wehre der Themse beseitigte, aber ohne Erwähnung des Nebenflusses Medway, den erst 1199 Johann von Wehren befreite. Vermuthlich sind diese Zeilen noch vor der Magna charta geschrieben. Denn nachdem deren Artikel 33 bestimmt hatte: *Kydelli deponantur de Thamisia et Medewaye*, pflegte sich London fortan auf diese *libertatem consensu generalis concilii totius Anglie confirmatam*[1] und nicht mehr auf Richard zu beziehen.

47,3. „Assisa de mensuris", von 1197, folgt in Or. Darauf stehen $1\frac{1}{2}$ Columnen leer; dann beginnt in anderer Hand ein späteres Werk; s. u. 53.

## VI. Zweite Ausgabe.

48. „De rege Johanne." Dies Capitel fehlt Co. Or; es steht in K 2 und wenigstens theilweise in Cc f. 51 v.[2] Ich halte es für einen Nachtrag unseres Verfassers. Denn seinem Stil entspricht die Bezeichnung der Bretagne (durch *que olim vocabatur Armorica*[3]) und der Französischen Herrschaften (*cum appendiciis*[4]), ferner der Schluss mit zwei gereimten Hexametern, die vielleicht (wie Stück 45) den Galfrid Vinsauf benutzen. Sodann passt zu seiner Anschauung die Trauer über Richard I., die Ansicht, dass Arthur und Eleonora von Bretagne

---

und da Co p. 171 nach dem ausgerissenen Blatte wie K 2 beginnt, so stand wohl der Freibrief einst auch in Co.
1) So 1236 (Cust. 39) obwohl Freibriefe von 1199, 1227 (ebd. 258) vorlagen. 2) Dorther citirt nämlich Pauli, Gesch. v. Engl. III 313[4] den Satz Riley 661 letzte Zeile. 3) S. o. 35, 1. 41. 4) S. o. 2. 17.

*erant veri heredes regni Anglie*[1]. Endlich ist dieses Stück sammt denen über die zwei vorigen Könige in der Gildhalle unter Heinrich III. ausgeschrieben worden vom Liber de antiquis legibus p. 200, Z. 23; 202, 29.

48, 1. Wie bei einem Londoner Patricier um 1217 vorauszusetzen, hasst dieser Darsteller den König: „fecit multas crudelitates, que non sunt scripte in hoc libro". Des Verlustes der Französischen Herrschaften, der Verjagung des Clerus, sowie des Banns und Interdicts ist gedacht; aber verschwiegen wird die Landung der Franzosen, vielleicht eine für den Londoner besonders demüthigende Erinnerung[2]. Die Unterwerfung unter den Papst und die Magna charta sind vielleicht hier übergangen, weil diese Acten (unten in Stück 50) folgen sollten. „Alienoram tenuit imprisonatam omnibus diebus vite sue"; sie starb erst 1241 als Gefangene[3]. „Arthurum gladio, dum navigarentur in batello, propria manu occidit": eine wichtige Nachricht (wohl aus dem Munde der Französischen Partei), die, nur mittelbar aus diesem Werke, oft benutzt worden ist.

[48, 2]. Ein Bild[4] zeigt den König auf der Jagd, und eine Tabelle giebt die Nachkommen Johann's bis auf seine Enkelin, die 1278 Llewellyn von Wales heirathete. Wenigstens das Ende dieser Tabelle muss einem späteren Bearbeiter gehören.

[49]. In K 2 stehen zwischen Stück 47, 1 und 48 zwei Freibriefe für Portsmouth von 1194 und für Waltham[5] von 1177. Sie betreffen weder London's noch England's allgemeines Recht und sind nicht chronologisch geordnet. Ich glaube nicht, dass sie, oder Otto's IV. Brief an Johann von 1209, der hinter 48 folgt, zu unserem Werke gehören.

50. Für einen zweiten Nachtrag des Verfassers mag (nicht sicher, sondern möglicher Weise) die Sammlung gelten, welche aus Johann's Urkunden vom 13. und 15. Mai 1213 über die

---

1) S. o. 26, 2; 29, 3.   2) S. u. p. 88, Z. 9.   3) Abfassung nach 1241 folgt nicht daraus; denn wenn Verfasser Eleonoren's Leben meinte, hätte er neben Johann auch Heinrich III. zum Subject machen müssen; *sue* geht also wohl auf Johann. Vgl. jedoch unten 52.   4) Facsimile bei Hall, Courtlife 203.   5) S. o. 26, 1.

Versöhnung mit der Kirche und aus seiner Magna charta besteht. Diese Sammlung folgt nämlich in K 2 und Co[1]; und dass die beiden Schreiber auch hier noch aus Einem Sammelbande copirten, geht aus gleicher Anordnung und Ueberschreibung der Acten hervor. Gehörte dieser auch hier noch unserem Verfasser an, der doch im früheren Theile des Werkes die Magna charta nicht kannte? Drei Gründe lassen sich dafür anführen, dass er selbst diese Acten angehängt habe: sie passen in seinen Rahmen; und wenn er selbst Stück 48 schrieb, so würde er sie gekannt und hierher gestellt haben; endlich zeigt sich hinter Stück 50 in allen Handschriften ein innerlicher Abschnitt[2].

## VII. Fortsetzer.

[51]. Nunmehr folgt in K 2 ohne grundsätzliche Ordnung, geschweige denn, dass sich der Geist eines Schriftstellers verriethe, sofort „Dictum de Kelenworthe" ]1266[3]] und „Consuetudines Kancie[4]", welche beiden Stücke hinter Stück 50 im Londoner Liber custumarum (laut dessen Registers p. 489) einst unserer Sammlung vorangingen. Wieder die erste Hand bringt alsdann in K 2 f. 124—131 Staatsacten[5] von 1265 (theilweise dieselben wie Co unten 52, 1) und Freibriefe von c. 1108—1300 für London, Reading, Wallingford, Oxford und Exeter. In anderer Hand folgen f. 132—135 Gesetze Edward's II., namentlich von 1315. Sodann ist f. 136—265 eine Sammlung der Statuten, von Heinrich III. bis c. 1350, nachträglich hineingebunden. Zuletzt, f. 266—77, stehen wieder, f. 135 fortsetzend, Staatsacten von 1310/11. Mit Sicherheit kann man behaupten: all dieser Stoff[6] gehört unserem Verfasser nicht an,

---

1) Dieselbe Reihenfolge bot einst Cust. f. 72—75.   2) Aus dem Wechsel der Handschrift in K 2 folgt nichts: die erste Hand endet zwischen zwei Urkunden von 1213 vor f. 116, beginnt aber f. 124 wieder und trägt nun Urkunden bis 1300 ein.   3) Aus K 2 Statutes of the realm I (1810), p. 12.   4) K 2 vergleichen Stat. 223.   5) Riley p. 513 verzeichnet sie; dort p. 515 über den späteren Inhalt des Bandes; vgl. Catal. of Cotton. mss. (1802) p. 95.   6) Statutes (laut p. XXXVIII f. und Theil 2 p. III f.) vergleichen hierfür K 2 mit den originalen Staatsurkunden.

und wurde auch nicht gleich damals, als er die Feder niederlegte, unserem Werke angehängt. Denn sonst würde man sofort hinter Johann die wichtigen ersten Gesetze Heinrich's III. finden, ohne einen Sprung von einem halben Jahrhundert, wie ihn K 2 aufweist.

[52]. Weit eher kann als Fortsetzer unseres Werkes der Erzähler gelten, welcher ein Menschenalter später in Co hinter der Magna charta, mit *Cui successit Henricus* beginnend, einige Zeilen anknüpft. Er berichtet die Rückkehr des Prinzen Ludwig; da er ihn *predictum* nennt, muss uns wohl ein vorhergehendes Stück verloren[1] sein, welches vielleicht auf dem in Co ausgeschnittenen Blatte vor p. 171 stand. Bewusste Nachahmung des Stils zweier früheren Stücke erhellt vielleicht aus Folgendem:

| 35. Duxitque d. P. in uxorem, de qua procreavit prolem nobilissimam, scilicet filios et filias. | 48. Rex duxit J. filiam comitis A. in uxorem; de qua procreavit prolem nobilem, scilicet filios et filias. | 52. Rex duxit in uxorem A. filiam comitis P.; de qua procreavit prolem nobilissimam, scil. filios et filias. |
| --- | --- | --- |

Will man hieraus mehr, nämlich auf Einen Verfasser schliessen, was nicht nöthig ist, aber auch meiner Theorie nicht unbedingt widersprechen würde, so müsste der Autor, der um 1210[2] und 1217 arbeitete, die Geburt von Heinrich's III. zweitem Sohne, 1244, noch erlebt haben[3]. Die Nachrichten dieses Anhangs über des Königs Krönungen und Heirath, über Isabellen's Vermählung mit dem Enkel des zu Saladin's Zeit im kleinen Flusse ertrunkenen Kaisers, über die Uebertragung des Thomas Becket sind allgemein bekannt. Auch hieraus schöpft der Liber de antiquis legibus p. 202.

[52,1]. Ein anderer Schriftsteller juristischen Sinnes, der etwa 1300—1320 arbeitete, fügt in Co eine Auswahl von Heinrich's III. hauptsächlichen Gesetzen an. Er vermengt die Magna charta von 1217 mit der von 1216 und vergleicht sie

---

1) S. o. 48, 1.   2) S. o. 42. 48, 1.   3) Eine schriftstellerische Thätigkeit, die 25 Jahre dauerte, ist nachweisbar bei Heinrich von Huntingdon und Matheus Paris, eine über 30 Jahre bei Giraldus Cambrensis.

mit der von 1298. Er bemerkt, dass das Patent von Worcester vom 13. Dec. 1264 (über monatliche Publication der Provisionen von 1259) Aufnahme fand im Statut von Marlborough 1267. Es trägt hier die Adresse an Middlesex, ebenso p. 181 die Urkunden vom 14. März 1265 und Prinz Edward's Bestätigung der Magna charta vom 13. März[1]; diese Acten stehen auch in K 2[2], ebenfalls an Middlesex gerichtet. Das *Statutum de Merton nunc est stabile.*

[52,2]. Es folgt Heinrich's III. Entforstung von Staines von 1227[3], ein Memorandum über Fischwehrsteller von 1237[4], die *Charta Henrici II.* (1155/8) *de gilda telariorum, que adnichilata est per cartam regis Johannis*[5], und diese Aufhebung der Gilde vom 20. März 1202.

[52,3]. Vor letzterer Charte steht: „Iste sunt quedam libertates civitatis London., que debuissent scribi in X⁰ folio precedenti, ante Johannem regem. Sciendum infra III miliarii spacium ex omni parte civitatis London. non debet homo alterum retinere vel impedire" u. s. w.; vgl. oben 46,1.

[52,4]. Es folgen Französische Klage- und Vertheidigungsformulare, je nach den Brevien der Processeinleitung, sodann

[52,5] einige Zeilen über Siege und Gesetze des „heiligen" Edward I., „in tempore cuius leges in isto II libro sequentes usitate erant pro parte, non in toto; quia in Anglia non utitur vulgus lege scripta (et ideo . . multociens deceptus), set consuetudinibus per reges antiquos Britannicos Anglicos ordinatis et sic de rege in regem usque ad presens usitatis, quibus legibus quilibet rex aliquid legis apposuit . . . ." Es folgt nur *Rubrica Statutorum regis Edwardi,* beginnend mit *Magna carta.* Also sollte auch zu diesem Exemplar ein zweiter Band gehören mit Edward's I. Statuten wie sie in Or stehen; s. u. 53.

[52,6]. Co's letzte Seite enthält Aelfred's geistliche Einleitung; s. o. 9a.

---

1) Rymer I. 1, 452.   2) Ed. Riley 662—6.   3) Ed. Riley 44, nochmals 261.   4) Ebd. 39; vgl. Liber ant. leg. p. 7.   5) Riley 33.

[53]. In Or stehen f. 102 hinter der Assisa de mensuris von 1197 in anderer Hand drei Stücke, die einst auch im Liber custumarum Gildhallae[1] unserem Werke folgten, nämlich eine Privatarbeit des 14. Jhs. *Modus tenendi parliamentum*[2]; f. 104 v. *Chronicon de Calys*, über den Zug Edward's III. 1346, und f. 108 v. *Nomina*[3] *quorum ope Willelmus Anglie conquestor illam conquisivit*. Dahinter folgt f. 109 nun eine Sammlung der Statuten Edward's I., die sich genau mit der einstigen ersten Hälfte des Liber custumarum deckt[4]. Zuletzt stehen Rechtsbücher des 14. Jhs. und am Schluss ein Registrum brevium. Einige der Stücke[5] stehen auch im Liber Horn der Gildhalle. So folgt schon aus der Auswahl des Inhalts, dass alle fünf Handschriften K2. Co. Or, Cust. und Horn in einem Menschenalter an der Gildhalle entstanden und auch in späteren uns hier nicht angehenden Theilen verwandt sind.

---

1) Laut Registers p. 490.  2) Ed. Stubbs, Select charters 502. 3) Notirt von Hardy, Descr. Catal. II n. 8.  4) f. 109 = Cust. jetziges f. 103, einst f. 1; vgl. Riley p. 488. 494.  5) f. 150 De wardis et releviis; 150 v. Extenta manerii; 156 Fet assavoir; 163 Hengham; 191 Modus calumpniandi essonia = Liber Horn f. 250; 141; 124; 156.

# B.
# DER VERFASSER.

54,1. Unser Verfasser wurde vor 1175[1] geboren. Er schrieb nach 1206[2], wahrscheinlich theilweise vor 1215[3], theilweise nach 1216[4], sicher vor 1239[5]. London gehörte er vielleicht schon durch Geburt, Abstammung und Erziehung[6], wie jedenfalls durch Neigung und Wirken[7] an. Er fühlte sich als Engländer[8], missverstand zwar Angelsächsisch[9], sprach Französisch[10] und erblickte Wilhelms Eroberung durch Normannisch gefärbte Brille[11], brauchte aber deshalb nicht von Französischen Einwanderern abzustammen. Nirgends erwähnte er einen Gegensatz der Engländer gegen Anglonormannen[12], wohl aber den gegen Anglodänen[13], denen er also nicht entspross. — Nur beim Klerus lernte man damals Latein und vollends das Reimen Lateinischer Hexameter[14]. Von diesen abgesehen wusste er nicht

---

1) S. o. 35, 1. 43.   2) S. o. 25, 13. 35. 44. 45. 47. Wenn unser Verfasser unter Edward I. gelebt hätte, so müsste auffallen, dass er nie den Mayor von London erwähnt neben den häufig behandelten Aldermen, nie die Italienischen Bankiers neben den Deutschen und Skandinavischen Kaufleuten, nie die Englischen Ansprüche auf fremden Markt neben dem Privileg der Ausländer in England, nie die Seeherrschaft neben der Gewalt über die Inseln, nie die Flotte neben der Landwehr, nie das Wort Parlament (wie z. B. der Liber de antiquis legibus schon von den Baronen zu Staines 1215) gebrauchet, nie von Abgeordneten oder von deren Wahl redet, obwohl er häufig auf das Magnum concilium procerum und auf Beamtenwahl Werth legt.   3) S. o. 42. 44. 47.   4) S. o. 48.   5) S. o. 25, 15. Möglicher Weise noch nach 1244; s. o. 52.   6) Keine Localspur weist auf andere Theile England's.   7) Vgl. o. 25, 21 ff. 27. 31, 2; 2e.   8) 25, 12 f.   9) 11, 4; s. jedoch 2a. 11, 6—9.   10) 31, 2d.   11) 26.   12) Vgl. Gross, Gild merchant 1 4.   13) 25, 12.   14) S. o. 21. 27. 31. 35, 5. 18.

mehr Latein als die vielen hundert Geschäftsverwalter, mit oder
ohne Weihen niederen Grades, welche für den König, kirchliche und baroniale Grossgrundbesitzer und die vielen Localämter Urkundliches Lateinisch aufzeichneten. Weder in der
Formenreinheit noch in der Syntax erhob er sich über den
gewöhnlichen Stil dieser Classe; durch Armuth des Wortschatzes[1] blieb er hinter dem Durchschnitt zurück. Classische
Citate verwendete er auffallend selten. Ein so anspruchsvolles
Thema, wie es eine Englische Gesetzsammlung mit Biographien
der Gesetzgeber doch war, bot Anlass zu philosophischen Einleitungen. Er versuchte solche nicht und flocht nirgends eine
Distinction der Scholastik dem Werke ein, besass also nicht
die höhere Bildung der Universität. Des Römischen Rechtes
erwähnte er nur einmal: um es, wohl nur aus Abneigung gegen
Cäsaren-Willkür, von Britannien abzulehnen[2]. Auch vom
Englischen Recht fügte er nirgends etwas Technisches ein; dem
Glanvilla[3] gegenüber blieb er nur Abschreiber; dem früheren
Rechte bewies er oft genug Mangel des Verständnisses[4]. Er
verfiel in manche Widersprüche und Unklarheiten[5], gewiss
nur, weil ihm logische Schulung fehlte. Er verehrte das
Königsgericht zu Westminster[6], doch ohne eine nähere Beziehung dazu zu verrathen. Er pries, vielleicht mit echt gefühlter Liebe, Heinrich II. und Richard I.[7] und betonte oftmals
die Wichtigkeit des geistlichen und weltlichen Adels für die
Regierung der Nation, jedoch überall ohne eine Spur persönlicher Nähe[8]. Nur selten brauchte er Bibelcitate[9]; er äusserte
kirchliche oder auch nur moralisirende Tendenzen[10] so wenig
wie man das nur bei Laien erwartet. Er, der Becket's Ruhm
und von Johann's Kirchenstreit mindestens den Anfang erlebte,
fügte in sein langes staatsrechtliches Werk nichts über *Libertas
ecclesiae* ein. Für den ritterlichen Glanz Wilhelm's II. und

---

1) 2. 8. 15. 17. 24a. 25, 8. 29, 1. 35, 1. 43. 52.    2) S. o. 25, 5.
3) S. o. 40.    4) S. o. 11, 4.    5) S. o. 2a. 25, 12; 19.    6) 25, 23.
7) S. o. 35. 43—5.    8) Wohl nur aus Büchern kennt er die Huntingdon
o. 26, 1.    9) 11, 2; 6. 23. 25, 5, wo er einen Papst reden lässt.    10) 11, 1f.

Richard's I. bewahrte er ein offenes Auge. Manche Motive[1] entlehnte er vielleicht höfischer Epik. Westminster's Stolz sah er in der Curia regis[2], nicht in der Abtei; die *Folcesmot-belle* erwähnte er[3], aber nicht den St. Paulsdom, in dem sie hing. Macht und Verfassung des Staates, Freiheit der Stadt, Blüthe der Wirthschaft lagen ihm allein am Herzen. Höchst wahrscheinlich also war er Laie[4].

54, 2. Er benutzte Urkunden, welche aufzubewahren und copiren zu lassen allein der Stadt London zukam. Er kannte deren Freiheitsansprüche und Gebrauchsrecht gründlich und suchte dies bisweilen[5] zum Landrecht England's zu verallgemeinern. Er strich ihre Wichtigkeit und Ehrwürdigkeit mit Fug und fälschendem Unfug[6] heraus. Er wurde von mehreren Archivabschreibern, einem Historiker und einem Juristen der Londoner Gildhalle[7], und sonst fast von Niemandem[7a], im nächsten Jahrhundert benutzt. Städtefreiheit, Handel und Gewerbe wünschte er gehoben. Er gehörte also, mindestens aus Neigung und Beruf, zur Londoner Bürgerschaft. Für die Aldermen[8] bezeugte er häufig einen besonderen Antheil: möglicher Weise war er einer. — London's literarischer Glanz erstrahlte bereits hell durch berühmte Bücher des Doms, der Abtei Westminster, des Exchequer und des Königsgerichts, als dieser früheste Stern bürgerlicher Schriftstellerei aufleuchtete. Von mattem Feuer, ja vielfach ein Irrlicht, lieh er dennoch den ungleich stärkeren Nachfolgern an der Gildhalle Arnold Fitz Thedmar[9] und Andreas Horn[10] einiges Licht, letzterem leider auch das Beispiel der Geschichtsfälschung.

54, 3. Für einen Mann, den die Beziehung zum Stadtarchiv begünstigte, bethätigte er in seinem Werke keinen be-

---

1) Das Versöhnen eines feindlichen Stammes durch Connubium, das Aufnehmen fremden Adels zu gleichem Recht [schon Beowulf 1092] 25, 11 f. 2) 25, 23. 3) S. o. p. 57. 4) Das weltliche Thema, das er wählte, und die Quellen weltlichen Inhalts, die er brauchte, bieten keinen sicheren Beweisgrund: auch das staatliche und bürgerliche Recht wurde ja damals noch oft von Klerikern bearbeitet. 5) 7. 11. 24 bS. 25, 19. 6) 25, 22. 7) S. u. 55 ff. 7a) S. u. p. 99, Anm. 15. 8) 7. 11, 5. 25, 19; 21. 31, 2 c; 3 c. 9) 43. 48. (52). 10) 1 b. (53).

deutenden Sammelfleiss. Dennoch fand sich was er zusammenbrachte, um 1200 gewiss in keiner anderen einzelnen Bibliothek als der einer Behörde. Er schöpfte aus vielleicht nur einem halben Dutzend Bänden, nämlich dem Quadripartitus[1], der Sammlung Wilhelm-Edward[2], den Leges Henrici[3], dem Glanvilla[4], dem Galfrid von Monmouth[5], Heinrich von Huntingdon[6] und zwei oder drei ferneren[7] Geschichtsbüchern. Daneben brauchte er ein Dutzend kurzer Rechtsaufzeichnungen und Einzel-Urkunden, nämlich die Expositio vocabulorum[8], die statistische Uebersicht Britannien's[9], den Krönungseid[10], die Krönungscharten Heinrich's I.[11], Stephan's[12] und Heinrich's II.[13], die Assisa armorum[14] und De mensuris[15], das Subsidium Terre Sancte[16], endlich die Freibriefe für London von Heinrich I.[17], Heinrich II.[18] und Richard I.[19], sowie wahrscheinlich Londoner Ortsrecht[20]. Nicht einmal die Freibriefe für London vor Johann sind damit erschöpft: die Gildhalle bewahrte einen von Wilhelm I. Geschweige denn, dass die Gesetze und Rechtsbücher des 12. Jhs. vollständig gegeben wären. Einen Grundsatz der Auswahl sucht man vergeblich. Willkürlich liess er Stücke des Quadripartitus fort[21] und gab von der Assisa armorum und Richard's zweitem Londoner Freibriefe nur Auszüge. Ohne Zweifel konnte man an der Gildhalle damals leicht einige fernere Gesetze Heinrich's II. und Richard's I. copiren. Allein unser Verfasser, der ja von seinem Plane nichts verrieth und Vollständigkeit vielleicht überhaupt nicht erstrebte, errang dennoch das Verdienst, der Nachwelt die reichste Sammlung Englischer Rechtsdenkmäler des 12. Jhs. zu hinterlassen, wenn man von dem Königskleriker Roger von Howden absieht. Des Quadripartitus früheste Form[22] überlieferte er uns allein, und mehrere jener Londoner Frei-

---

1) 4. 14. 25, 6.  2) 22. 25, 6.  3) 31. 24 b 7.  4) 40.  5) 2. 25, 4 ff. 6) 2. 15. 20. 25, 6.  7) Beda 25, 14; Malmesbury(?) 11; Florenz(?) 27; kurze Engl. Chronik über 11. u. 12. Jh. 21. 26 c. 27. 27, 1. 32. 34 f.; Wilhelm Fitz Stephen(?) 22. 25, 6; Sagengeschichte von Huntingdon(?) 17. 29, 4. 26, 1. 8) 1.  9) 2 f. 25, 6.  10) 25, 6; 16.  11) 31, 1. 11, 3.  12) 33. 13) 37.  14) 6. 25, 20. 24 b 3. 25, 6; 20.  15) 47, 3.  16) 39. 17) 31, 2.  18) 38.  19) 47, 1 f.  20) 7.  21) 10a. 17.  22) 14 cc.

briefe er zuerst. — Er beabsichtigte den Stoff chronologisch zu ordnen[1] und zu jedem Gesetzgeber ein Lebensbild als verbindenden Faden hinzuzufügen. Die Zeitfolge ist im Ganzen inne gehalten. Nur die anonymen Stücke im Quadripartitus wusste er nicht an richtiger Stelle unterzubringen[2] und bei den Einschaltungen im Edward Confessor verirrte er sich in Vergangenes, das besser zu Ine, und in Geographisches, das zum ersten Abschnitte gepasst haben würde[3].

Beim Abschreiben beging er jene sinnlosen Fehler[4], die man bei gedankenlosen Copisten gewohnt ist, aber nicht bei einem sammelnden Schriftsteller erwartet. Das Verständniss entbehrte er für Angelsächsische Wörter[5] des Quadripartitus, der sie aber z. Th. selbst schon unrichtig aufgefasst hatte. Im Ganzen überarbeitete er seine Texte nicht, sondern copirte wörtlich. Texte zu vergleichen, wie sein Nachfolger in Co that, daran dachte er nicht. Einmal[6] nur las er ein Document in zwei Texten. Den Quadripartitus an den Altenglischen Originalen zu prüfen, dazu mangelte dem späteren Mittelalter[7] das Verständniss des Angelsächsischen. — Wohl in gutem Glauben ohne Kritik übernahm er, wie seine Zeit schon meistentheils[8], die Fabeln des Galfrid als echt, die privaten Zusammenstellungen unter Edward's, Wilhelm's und Heinrich's Namen als deren eigene Gesetze. Um so frecher, dass er ersteren, ebenso wie Aelfred's und Ine's Gesetzen lange Einschaltungen hinzusetzte[9], die er selbst verfasste. Er that das nie in wissenschaftlicher Absicht, etwa um zu erklären oder anderswoher geschöpfte echte Kunde zu übermitteln, selten aus harmloser Eitelkeit auf die eigene Gelehrsamkeit, meist mit der praktischen Absicht, für England's Macht[10], für London's Privilegien, für eine Reform

---

1) 4. 10. 17. 25, 3.   2) 5. 14.   3) 25, 4; 8.   4) 4.   5) p. 58.
6) S. o. 31, 1.   7) Auch Co collationirt ja nur eine andere Quadripartitus-Hs. Keine der Hss. Angelsächsischen Rechts datirt nach 1175.   8) S. jedoch gegen Galfrid Wilhelm von Newborough und Girald. Cambrensis.   9) 6 f. 11 f. 14. 17. 20. 24 b. 25.   10) Schon Dial. Scac. I 16 prahlt, dass Wilhelm I. *ulteriores insulae fines suo subjugasset imperio*.

in Verfassung und Verwaltung des Staates eine ehrwürdige Autorität zu erlügen.

54,4. Nur in diesen Fälschungen und den wenigen Seiten verbindenden Textes — zusammen kaum 1/20 des ganzen Werkes — konnte er schriftstellerische Gabe erweisen. Seinem Vorbilde Galfrid kam er aber nur im Lügen[1], nicht in dichterischer Phantasie[2] nahe. Nicht der Volkssage[3], sondern trockenen Büchern entnahm er die Beweggründe, aus denen er Arthur, Ine, Cnut handeln lässt. Statt lebendige Gestalten zu schaffen, zählte er langweilig leere Namen auf. In krauser Unordnung stellte er Verschiedenstes nebeneinander, oft verknüpft durch unpassende Partikeln[4], und verfiel in ermüdende Wiederholungen. Da er seine eigenen Erfindungen nicht zu einem System zu verbinden suchte, verwickelte er sich in handgreifliche Widersprüche[5].

Die Geschichte seines eigenen Jahrhunderts behandelte er kurz, zwar ohne absichtliche Verdrehung oder grobe Fehler, aber auch ohne eine zusammenhängende Darstellung zu versuchen. Desto strenger hätte er in einer Gesetzsammlung sich an die innere Staatsentwicklung halten sollen. Statt dessen gab er mit der Oberflächlichkeit des gewöhnlichen Chronisten, nur ohne dessen Zeitangaben, fast lediglich Character, Familie und Grabstätte des Königs und äussere Erfolge an. Und dies in eintöniger Sprache, die zur stereotypen Formel[6] erstarrte. Von den Adjectiven, die er im Köcher hatte, verschoss er manche Eigenschaft auf jeden Herrscher. Ein echtes Gefühl der Bewunderung für Heinrich II. und menschliches Mitleid mit dessen Unglück brachte er zum deutlichen Ausdruck. Ueber den Grund solcher Verehrung, die inneren Reformen, schwieg er und liess nur Glanvilla und einige Urkunden reden.

Neben dem Königthum war die Stadt die Quelle, der die von ihm gesammelten Rechtsdenkmäler entflossen. Dennoch bemerkte er, abgesehen von Fabeln und unabsichtlichen Auf-

---

1) 25,6; 8; 12.    2) 25,10.    3) 25,7f.; s. jedoch 17. 26,1.
4) 29,1.    5) 2a. 25. 25,12.    6) 29,1.

schlüssen, fast nichts über London's Verfassungsgeschichte, obwohl er doch das Aufkommen des Mayor und der Commune und die heftigen Parteikämpfe mit erlebte.

Zu innerlicher Verarbeitung des Rechtsstoffes, den er nur aus Büchern sammelte, machte er auch nicht den bescheidensten Ansatz. Selten und nur nebenher schöpfte er das Recht aus lebendigem ungeschriebenem Brauche. Er blieb auf dem Standpunkte etwa der Angelsächsischen Copisten, die im 11. Jh. die einzelnen Rechtsdenkmäler der Vorzeit in Einen Band vereinigten, fiel also von eines Glanvilla wissenschaftlichem Systeme und frischer Beobachtung des wirklichen Rechts unendlich tief zurück.

54, 5. Für die unorganische Vermengung von Geschichte und Recht[1] fand er im Edwardus Cf. retractatus das verhängnissvolle Beispiel. Gegenwärtige Einrichtungen unbekannter Entstehung grossen Helden[2] zuzuschreiben, lernte er vielleicht von Wilhelm von Malmesbury, sicher von Galfrid von Monmouth, schwerlich je aus lebendiger Volkssage. Vielmehr nach dem Dunste klerikaler Schreibstuben riecht, wie seine Wissenschaft so seine Lüge. Wie jene mit mehr Bildung und Uebung zu thun pflegten, erfand er eine angeblich tausend Jahre alte Urkunde, schwärzte Eigenes in echte Schriften ein, verallgemeinerte örtlich Beschränktes zu überall Giltigem, stellte Vortheile der Gegenwart als uralt oder den Zukunftstraum als einst dagewesen hin. Jedoch so unverfroren fälschte Niemand vor oder nach ihm Englische Verfassungsgeschichte, so bewusst spottete Keiner der Zeitfolge, indem er Stücke von Denkmälern des 12. Jhs. um Jahrhunderte zu früh ansetzte[3]. Wie ungeschickt seine inneren Widersprüche und alle jene Behauptungen, die auch Geschichtskennern um 1210 ungeheuerlich vorkommen

---

1) 25, 9. 2) Der (Londoner?) Reimchronist von 1327, der ebenfalls Galfrid's Stoff benutzt, legt dem Hengist bei die Eroberung von Schottland, die Verfassung von Shire und Hundred, Städtebau und Gesetze über Diebstahl und Botenlohn; vgl. Sternberg, Engl. Stud. '93, 373. 3) S. o. 6 S. 14 b 7. 25, 5; 7 f.; 20.

mussten, heute erscheinen mögen, er fand dennoch, wie die
Abschriften beweisen, bei seinem Jahrhundert Glauben. Und
wie in Kirchenhistorien früherer Zeit manche Heiligenlegende
nach blosser Abstreifung des Wunderbaren kritiklos eindrang,
so verführte er bis in unsere Zeit Rechtshistoriker, die längst
seine Arthur- und Ine-Fabeln verwarfen, seine Wilhelm-Inter-
polation für echt zu nehmen.

54, 6. Aus dem verwirrten Knäuel seiner Fälschungen
lassen sich leicht die Fäden lösen, die er aus bekannten Texten
herauszupfte; andere, die sein eigenes phantasieloses und un-
wissendes Hirn gesponnen hat, erkennt man bald an Dünne
und Brüchigkeit. Das Uebrige ist allein was die heutige Rechtsgeschichte angeht. Ohne seine Absicht dient uns der Londoner
als Geschichtsquelle nicht mehr für Papst Eleuther, Arthur,
Ine, Cnut, Eadward oder Wilhelm, sondern nur noch für die
Politik der Gildhalle um 1210.

Nach der Abtrennung der Normandie vertiefte sich England's äussere Politik in die Grossbritannische Aufgabe. Unser
Verfasser fühlte sich zwar geschmeichelt durch die weite Aus-
dehnung des Plantagenetischen Reiches von Spanien bis Norwegen[1]. Er gedachte dessen als eines vergangenen Ruhmes,
also nicht ohne Trauer, aber doch ohne deutlichen Wunsch
der Wiedererwerbung. Er rechnete die Französischen Gebiete
als Besitz des Königs, nicht als Zubehör der Britischen Krone.
Diese, die den Kaisertitel verdient, soll ganz Britannien[2]
sammt allen Nebeninseln[3] beherrschen und demgemäss den
Schotten nach Art des Wallisers zu ihrem Princeps[4] herab-
drücken. Die Wehrpflicht[5] des Volkes betonte er häufig, von
den Heretogas[6], den einstigen Heerführern, fabelte er gern.
Aber neben den Waffen würdigte diese bürgerliche Politik auch
die gesellschaftlichen Triebfedern zur Bildung Einer Nation aus

---

1) 35, 1.   2) 2. 6. 8. 11, 1; 4. 12. 17. 24 b 2. 25, 10; 12. 31, 3.
3) Mit Folgerung auf die umliegende See als Recht seiner Ahnen von
Edward III. beansprucht 1337; Stubbs II 380.   4) 2. 17. 25, 10.   5) 6.
11, 4. 25, 20.   6) 11, 5. 17. 25, 18 f. 31, 3 b.

mehreren Stämmen: das Connubium[1], namentlich der Fürsten und des Adels, und die Eidbrüderschaft[2] der Völker.

Im Inneren des Englischen Staats freute er sich, zu Westminster die Kronjustiz[3] erstarken zu sehen, Gericht und Polizei kräftig vom Königthum gehandhabt zu wissen. Er empfahl, Volk und Fürsten durch Treueid an die Krone zu fesseln[4]. Allein wie er das Reichsgericht von der Person des Königs zu trennen wünschte, so sprach er nicht diesem allein, sondern nur mit Beistimmung des geistlichen und weltlichen Adels die Gesetzgebung, die Besteuerung[5] und wichtigere Verwaltung[6] zu. Bei dieser Einschränkung der bisherigen Despotie trat ja London auf die Seite der Barone.

Wie bei einem Bürger zu erwarten, wünschte er die Polizei[7], das Wächtersystem, weiter entwickelt, die Localversammlungen fester geregelt und gegen Willkür königlicher Beamten[8] geschützt. Wie die Stadt früh der Kirche manche Culturaufgabe abnehmen wird, so ertönt (vielleicht in England zuerst) hier von der Gildhalle der Ruf[9] nach staatlichem Zwange zur Bildung der Kinder in den vollfreien Classen.

Daneben wünschte er die Volkswirthschaft gehoben durch Festsetzung einheitlichen Masses[10], Gewichtes, Geldes und Zolles[11], durch Verbote der Ausfuhr von Rohwolle[12] und des unbeschränkten Aufenthaltes fremder Händler in England. Jedoch bewilligte er den Niederdeutschen[13] neben einigen anderen Kaufleuten freien Handel. Und wohl im Interesse der Kauffahrtei fabelte er von Britannien's alter Verbindung mit der Ostsee[14].

Die Stadt rühmte er als den Schutz des Volkes. Stadtluft macht frei[15]. London insbesondere lobte er als das Neue Troja[16],

1) 25,8; 12.   2) 11,6. 21b4. 25,8; 12; 19.   3) 25,23.
4) 25,10; 19.   5) 21b5. 31,3c.   6) 25,16. 31,6.   7) 11,1. 21b8.
8) 31,3c.   9) 11,2.   10) 7. 21b. 47,3.   11) 7. 24b6.   12) 6.
13) 25,11.   14) 17. 25,10; 12.   15) 21b6c. Diesen Satz führten 1313 Norwicher Villane als *Cartam Willelmi I.* vor dem Königsgericht zu Westminster, freilich vergeblich, an; Hudson, Leet jurisdiction in Norwich LXXXVII, aus der Staatsarchiv-Rolle Coram rege, Pasch. 6 Ed. II. m. 26, die mir Herr Hubert Hall freundlichst verglichen hat.   16) 25,22.

als das Haupt des Reiches und Rechtes. Wichtigstes sollte das Folcesmot[1] entscheiden, einberufen von den Aldermen.

Für ein solches Parteiprogramm suchte und schmiedete unser Londoner angebliche historische Belege. Wenigstens zum Theil vergleichbar der heutigen politischen Presse, die ja auch die Geschichte häufig verdreht. Sie freilich verfährt feiner: denn es stieg seit dem Mittelalter, wenn nicht die Ehrfurcht vor der Wahrheit, so doch die Furcht vor der Entlarvung. Zur Erklärung, nicht zur Entschuldigung, der Londoner Fälschung dient aber jener ängstlich conservative Sinn des Mittelalters, der eine Neubildung nur wagte, indem er sie als einstmals wirklich gewesene Verfassung hinstellte. Eine neu erwachsene gesellschaftliche Kraft, wie das höhere Bürgerthum um 1200, konnte den gebührenden Antheil am Staatsregiment nur durch Berufung auf altes Recht erringen. Verdient das Mittel der Fälschung schärfsten Tadel, so förderte sie doch einen grossen Zweck. Und der Londoner erstrebte Freiheit und Fortschritt nicht engherzig für seine Stadt allein[2], sondern für alle Städte, grossentheils für ganz Grossbritannien. Freilich brachte er sein Programm nur unvollkommen und dunkel zum Ausdruck; dennoch traf er deutlich manchen Ton der Magna charta[3].

1) 25, 19.    2) 25, 18.    3) 7. 24 b 5; 6. 25, 18.

# C.

# HANDSCHRIFTEN.

55. Ai, des British Museum Additional ms. 14252[1], früher Dechant J. Milles gehörig, beginnt jetzt, nach Verlust der ersten Blätter, mitten im Prologe Glanvilla's, enthält dann die Stücke 40—46,1, die nicht alle unserem Werke entstammen. Der ganze Band gehört inhaltlich der Londoner Gildhalle und entstand, nicht in einem Zuge, 1206—1216, also unter des Verfassers Augen. Möglicher Weise vertritt Ai's erste Hälfte, bis f. 87, dessen frühere Ausgabe[2].

56. Sc. Der Exchequerbeamte Alexander Swereford liess um 1230 in den Liber rubeus Scaccarii des Public Record Office f. 30; 162 v. die Stücke 2; 3 und 24 eintragen. (In demselben stehen f. 16 auch die Leges Henrici, aber nicht aus unserem Stück 31 copirt. Dagegen hat Sc's Corrector die Lesarten unseres Londoners bisweilen nachgetragen[3], scheint ihn also collationirt zu haben[4].)

56a. Hg. Aus Sc floss um 1260 die Abschrift in Ms. British Museum Hargrave 313. Es enthält auf fol. 15. 99 die Stücke 3 und 24. Die Leges Henrici stehen f. 5 nicht aus unserem Stück 31, sondern ebenfalls aus Sc copirt[5].

57. Die übrigen Handschriften gehören zu Einer Classe, die wir (als Quelle von Co und ock) cock nennen.

57,1. Ce, des British Museum Cottonianus Cleopatra D 9[6] vom 14. Jh. enthält f. 35 Annalen von Hengist bis 1377, die

---

1) Vgl. Catal. of additions 1850 p. 48. Oben 40. 2) Ferneres s. o. 6 f. 21b8. 25. 12 f.; 21. 31. 2; 26 ff. 10 f. 43 — 6. 3) S. o. 31, 1 c. 31, 3a. 4) Ferneres s. o. 2. 2a. 3. 24. 5) S. o. 31. 6) Vgl. Catal. of the Cottonian mss. p. 583.

den Huntingdon, dann aus unserem Werke f. 47 ECf und Geneal. Norm., auch f. 51 v. das Capitel über Johann, benutzen[1]. Dieser Lichfielder[2] überarbeitete den erst retractirten und dann interpolirten Edward Confessor zum dritten Male. Ce steht K 2 am nächsten (ECf 2,6), übertrifft aber an Textrichtigkeit bisweilen K 2 (ECf 5), Co und Or (ECf 1,1; 2,8; 13,1 A 2) und alle drei (11,1 A 1); Ce floss also nicht aus ock, kann aber, als blosses Excerpt, auch nicht Quelle einer der Hss. sein.

57,2. Unter Edward I.[3] existirte an der Gildhalle[4] eine Handschrift, die wir (als Quelle von Co, Or und K2) ock nennen. Ihrem Schreiber gehören vielleicht die möglicher Weise erst dem Ende des 13. Jhs. entstammenden Formen in Stück 1.

57,2a. K 2, des British Museum Cottonianus Claudius D II, um 1310[5] geschrieben, ein Prachtband mit reichem Initialenschmuck und farbigen Bildern[6], bildete[7] einst einen Theil des Liber custumarum[8] der Gildhalle. K 2 ist im Ganzen die vollständigste und beste der Handschriften. In Hn z. B. stimmt sie oft mit Sc gegen die anderen, so 10,1; 47; 49 Rubr.; 49,3[9]. Doch überspringt sie ECf 12,10 A einen Satz und zeigt auch ECf 2,8, dass sie nicht Quelle der übrigen war. Öfters liest Co besser: ECf 32 A 11; C 2. Aus K 2 druckte Riley.

57,2b. Co[10], des Corpus Christi College zu Cambridge Hs. 70, ist um 1320 geschrieben[11] und vom Londoner Stadtkämmerer Andreas Horn mit Anmerkungen versehen worden. Co liest häufig schlechter als K2, z. B. ECf 15,5 und zwar oft gemeinschaftlich mit Or; z. B. fehlen ECf 27 in Co, Or drei

---

1) S. o. 25,1; 48.   2) Nur Lichfield betreffende Theile der Hs. druckte Wharton, Anglia Sacra I 421.   3) S. o. 10a.   4) S. o. 1a.   5) Ausgenommen die Blätter K 3; s. o. 20. 26. 28. 31, 1d.   6) S. o. 21. 30. 35,5. 48,2.   7) Riley II, xii.   8) So citirt der Liber albus unser Werk (für Cnut und ECf retr. 32,2; 38,2) p. 32; er benutzt p. 498 die Lesart K2 und nicht Co oder Or.   9) Ein Beispiel für das Verhältniss: In Hn 10,1 hat Sc richtig *fugerit*; K2 *fuerit*; Co *fuerit* mit davorgeschriebenem *de*; Or und Lond *defuerit*.   10) Vgl. o. 1a. 3b; c. 4b. 5c. 9a. 10. 10b; d. 14h; i. 15f. 16a. 19. 24. 25. 25,2; 4; 15. 31, 1d. 52.   11) Statt der in Kreide vorgeschriebenen Römischen Capitelnummern Cnut's setzt der Rubricator Arabische Ziffern; p. 37.

Wörter. Der Hs. Co, neben[1] anderen Hss. folgt (Ld) Lambard, der aber bisweilen stillschweigend bessert und ihm Unverständliches fortlässt. (Denn Ld liest mit Co besser als K2 in ECf 2,8; 8,2; 9; 12,10A; 32C2; mit Co. Or schlechter als K2 ECf 32C1, mit Co allein gemeinsam ECf 34. In ECf 32C5 hat Ld die von Or übersprungene Zeile. Vgl. o. 16.)

57,2c. Or, des Oriel College zu Oxford Hs. 46, um 1330 geschrieben von Einer Hand bis fol. 101b, wo mit Stück 47,3 vielleicht unseres Londoners erste Ausgabe endete, liest im Ganzen schlechter als K2. Co. Der Codex gehörte Tate[2], der Bücher aus der Gildhalle sammelte[3], laut der Notiz *Liber Fra[ncisci] Tate* hinter dem ersten Inhaltsverzeichniss. Dieses und ein zweites, auf letztem Schmutzblatte, gehören nicht ursprünglich zu unserem Werke. Die ersten Folionummern in K2 und Or beweisen durch ihre genaue Übereinstimmung, dass die Schreiber Eine Vorlage auch in dieser Äusserlichkeit nachahmten. Bisweilen liest Or mit K2 gemeinsam besser als Co, z. B. Hn 7,2, und manchmal mit olst [s. u. p. 105] gemeinsam schlechter. So fehlen Hn 59,1 zwei Zeilen in Or. Lond., die in Sc. K2. Co stehen (ebenso Hn 43,2; 61,3). Grösstentheils aber folgt Or genau Co und übernimmt namentlich in den Text[4] das Meiste der unserem Werke fremden Einschiebsel Co's, die in Co zwischen den Zeilen oder am Rande nachgetragen waren. Dieses Benutzen dreier Vorlagen von wesentlich identischem Inhalte durch einen Abschreiber ist im Mittelalter eine Seltenheit. Es ist überhaupt nur möglich, wenn alle diese Codices gleichzeitig an Einem Orte vorhanden waren. Das war um 1330 in der Gildhalle mit K2. Co. Lond und Or der Fall. (Die Historiker von St. Alban's compilirten übrigens ihre Chroniken 1240—60 ebenfalls, indem sie unter vier Annalenbänden ihres Hauses, die in der Hauptsache wörtlich gleich lauteten, bald dem einen, bald dem anderen folgten, ohne dass ein Grund dafür erhellte[5].)

---

1) Vgl. am Rande: *alias*.  2) Vgl. o. p. 11".  3) Riley II, xix.
4) Ia. 2. 3c. 10b. 14h. 19. 25,2; 4.  5) Vgl. Mon. Germ. 28, 91. 456.

Von drei[1] ferneren Hss. geben alte Drucke[2] Varianten nur zu Stück 31, Hn, nach Art früherer Collatoren aber gewiss nicht alle, sodass man aus dem Stillschweigen[3] der Antiquare nichts schliessen darf. Sie sind ock unterzuordnen, da keine Variante näher zu Sc als zu K2. Co. Or steht, und jede sich entweder in diesen dreien oder in K2 oder Co und Or oder in Or wiederfindet.

57,2d. Lond[oniensis Gildhallae] stimmt meist mit Or: Hn 12,1 liest K2.Co richtig *swiche;* Or.Lond. *filhe;* Hn 80,3 Or. Lond. sinnlos *pannis,* wo Sl *ruinis* und Sc *muris,* vermuthlich richtig in *minis* verbessert, hat. Allein Lond. hängt nicht von Or ab, da Hn 60,3 (statt des richtigen *condictum* in Sc) K. Co. Lond. *et diem* lesen, was Or fehlt, und bietet eigenthümliche Fehler, die beweisen, dass Lond. nicht den anderen Hss. vorlag: z. B. Hn 9,4 *formata,* wo K2. Or richtig *fomenta;* 29,1 *testimonio,* wo K2. Or richtig *termino.* Ebenso Hn 61,2; 76,7; 81 Rubrik. Somner stellte Hn's Text 1645—52 her aus Lond. und Wheloc's Druck; und Somner's Arbeit druckte Wilkins, Leges Anglosaxon. 231 (vgl. 235ᵃ).

57,2e. Tw[ysden] steht bisweilen K2.Co zunächst; z. B. Hn 80,3 liest K2. Co. Tw sinnlos *ramis* (s. oben Zeile 10), bisweilen dagegen näher zu Co. Or als zu K2.Sl: siehe Hn 20 Rubrik. Aus Tw, neben Sc und Sl, stellte Twysden Hn's Text her; und Twysden's Arbeit druckte 1644 Wheloc in seiner Neuausgabe von Lambard's Archaionomia p. 175; vgl. p. 153.

57,2f. Sl, Selden's Hs., floss nicht aus Lond. Or (s. oben Zeile 10), noch aus K2. Co. Tw (s. 6 Zeilen vorher), liest 93,1 von allen abweichend *disfractione* und 93,29 *amolaverit,* was zwar

---

1) Codex „Cantuar." enthielt vielleicht nur CHn cor. und CHn Lond.; s. o. 31, 2ᵃ. 2) Man muss die frühesten Drucke brauchen, da Somner den Wheloc und Thorpe und Schmid jene beiden nur unvollständig ausnützen. 3) Die mönchische Interpolation in CHn cor., oben 31, 1 b, liessen sie z. B. wohl fort, weil sie die unverfälschte CHn cor. kannten. Sonst müsste diese Einschwärzung nicht unser Verfasser, sondern ock aus hls aufgenommen haben, und Lond. Tw. Sl wären einer weniger verfälschten Hs. unserer Sammlung gefolgt.

sinnlos, aber dem richtigen *avolaverit* näher ist als K2's *molaverit* und *violaverit* der übrigen Hss. Meistentheils steht Sl zunächst zu Tw (Hn 4 Rub.) und theilt Fehler allein mit Tw. Hn 2, 6. Nur Twysden hat Sl benutzt.

57, 2 g. Einen Stammbaum der Handschriften zu entwerfen, wird gefährlich, wenn einige so wenig bekannt sind, wie hier namentlich Sl, und ein Abschreiber Or drei Codices benutzt hat. Mir scheinen die Varianten erklärt durch folgende Theorie: Dem verlorenen Archetyp Hn entflossen erstens Sc und die verlorene Hs. cock; aus cock stammen zweitens Ce und die verlorene ock, aus ock drittens K 2 und die verlorene loc, aus loc viertens Co und die verlorene olst, aus olst fünftens Or (die daneben K 2 [oder ock] und besonders Co benutzt), Lond und die verlorene st, aus st im letzten Gliede Sl und Tw.

57, 2 h. Sp[elman], Glossar. archaeolog., 1625, citirt mehrfach[1] Stellen unseres Werkes als *ms. meum*. Doch sind die Auszüge zu kurz, um die Möglichkeit auszuschliessen, dass Sp mit einer der genannten Hss. im Wortlaut identisch war.

---

1) S. o. 3. 11, 2; 5.

Zu der in diesem Verlage 1893 erschienenen

## CONSILIATIO CNUTI

konnte ich selbst erst im August IIr (vgl. p. XIX[1]) nachcollationiren:

p. XVII *bessere wie oben p. 29.* — p. XIX, 31 Consiliatio in derselben Hand. — 2b) *lies:* verbessert aus i. v. — 2h) Norr. — 2k) *streiche zweites:* ergänze, *da* est *in IIr.* — 3a) *streiche.* — 3, 4 infregerit. — 3d) *streiche.* — 3\*, 3\*\* andere Hand. — 4, 5 eucar. — 4, 6 circumvagantur. — 4c) *streiche.* — 4e) siñ f. sū e. — 5c) *streiche.* — 5, 24 in illicitum. — 6a) andere Hand. — 6, 1 necnon (et *übergeschr.*). — 6, 22 illud attinet. — 6h) actumʒ *IIr.* — 6, *Anm.* 6 *streiche.* — 7, 20 retr. secundum quod. — 9, 11 semper circa hoc sat. — 10c) paganis. — 10m) verb. aus pos. — 12, 7 Quic. autem. — 12, 14 presidet. — 13, 24 borch als Freibürgschaftsbezirk, dem Tithing entsprechend, kennt nur in Kent Maitland, Engl. histor. review 1894, 138. — 15, 14 defenderit. — 15, 18 ipse ... Neque. — 15f) *streiche.* — 16, 8 iudicio deciderit. — 16b) *streiche.* — 18, 14 set et. — 18, 23 delictumque. — 18, 26 inceperit. — 22k) gl'iati. — 24, 17 quicquid.